Liebe Eltern, liebe Lehrkräfte,

die Digitalisierung hat längst alle Lebensbereiche durchdrungen, jüngste statistische Erhebungen ergeben eine praktisch flächendeckende Ausstattung der deutschen Haushalte mit einem Internetzugang, entsprechend hoch ist auch die Ausstattung mit Computern, Smartphones und Tablets.

Wie allerdings die schulische Ausbildung von Kindern zum souveränen Umgang mit und zur Anwendung digitaler Medien aussehen soll, ist immer noch ein Thema öffentlicher Diskussion, denn nach wie vor existieren deutliche Unterschiede in der digitalen Ausstattung deutscher Schulen. Oberflächliche digitale Anwenderkenntnisse eignen Kinder sich bei der intuitiven Bedienbarkeit der meisten Geräte nebenbei an, aber die kritische Auseinandersetzung mit Inhalten, die kompetente Anwendung von Geräten und Programmen sowie das Verständnis für Aufbau und Funktionsweisen müssen systematisch erlernt werden.

Das vorliegende Arbeitsheft gibt Kindern daher die Möglichkeit, sich planvoll mit dem Thema Medien auseinanderzusetzen, wobei natürlich auch analoge Medien thematisiert werden. Die Inhalte orientieren sich grob an den von der Kultusministerkonferenz in *Bildung in der digitalen Welt* 2016 formulierten Kompetenzbereichen:

- Suchen, Verarbeiten, Aufbewahren
- Kommunizieren und Kooperieren
- Produzieren und Präsentieren
- Schützen und sicher Agieren
- Problemlösen und Handeln
- Analysieren und Reflektieren

Das Heft erscheint im Rahmen der bewährten Stars-Reihe, d. h., grundsätzlich sind die Aufgaben so angelegt, dass die Kinder sie selbstständig ohne weitere Hilfsmittel bearbeiten und sich mithilfe des Lösungsheftes in der Mitte auch selbst kontrollieren können. Aber natürlich macht ein Arbeitsheft, dessen Schwerpunkt auf der Beschäftigung mit digitalen Medien liegt, nur Sinn, wenn die Kinder auch aktiv am Rechner bzw. online Aufgaben lösen. Aus diesem Grund müssen die Kinder für die Bearbeitung einiger Aufträge Zugriff auf einen internetfähigen Rechner haben.

Bitte beachten Sie, dass Abbildungen von Internetseiten und die dazugehörigen Adressen sowie E-Mail-Adressen im gesamten Heft (S. 18, 22, 27, 30, 32, 43) frei erfunden sind.

Die Unbefangenheit von Kindern beim Umgang mit digitalen Medien ist in der didaktischen Verarbeitung des Themas vorteilhaft, weil keine Zugangshemmungen bestehen, im Hinblick auf das sorglose Bewegen im Internet existieren aber gleichzeitig auch höhere Risiken (Datenmissbrauch, Betrug, Cybermobbing etc.). Auch wenn im vorliegenden Heft versucht wird, dafür bei den Kindern ein Bewusstsein zu schaffen, möchten wir an dieser Stelle noch auf die Möglichkeiten technischer Prävention hinweisen. Sie finden im Internet zahlreiche kostenfreie Kinderschutzprogramme zum Download für Computer und Smartphones. Damit können Sie u. a. die Nutzungszeit einschränken, kindgerechte Inhalte zur Nutzung zulassen, Zugriff auf nicht geeignete Inhalte verhindern usw. Geeignete Informationen finden Sie zum Beispiel unter www.klicksafe.de oder www.sicher-online-gehen.de.

Darüber hinaus sollten Sie aber auch ein paar grundlegende Regeln direkt mit Ihren Kindern thematisieren, z. B. den Verzicht auf Echtnamen im Internet, den sensiblen Umgang mit Personenfotos, Onlinekommunikation nur mit Personen, die auch persönlich bekannt sind u.v.m.

Bleiben Sie mit Ihren Kindern im Gespräch – digital und analog.

Inhalt

Medien übermitteln Nachrichten oder Ideen, aber auch Gefühle, Fragen oder Vermutungen. Das Wort „Medium“ kommt aus der lateinischen Sprache und bedeutet „die Mitte“.

Das Medium, das wir am häufigsten nutzen, ist die Sprache. Mit ihr vermitteln wir Menschen, was wir denken oder fühlen.
Es geht aber auch ohne Worte. Gerade gehörlose Menschen sind auf Gesten, Zeichensprache und Mimik angewiesen, um sich anderen mitzuteilen.
Aber auch Bücher, Zeitschriften und Briefe sind Medien. Mit ihrer Hilfe kann man etwas mitteilen, auch wenn man kein direktes Gegenüber hat.

Sicherlich hast du den Begriff „neue Medien“ oder „digitale Medien“ schon einmal gehört. Darunter versteht man meist die Geräte, die sich erst in den 1990er-Jahren verbreitet haben.

Welche der unten abgebildeten Medien zählen zu den sogenannten „neuen Medien“, die es noch nicht so lange gibt? Kreuze an.

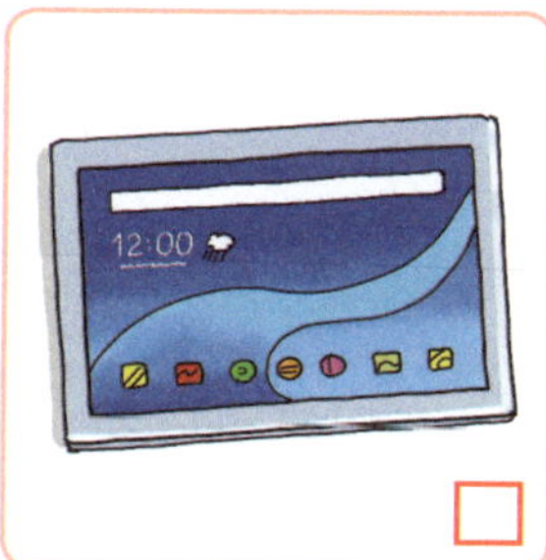

Was sind Massenmedien?

Massenmedien sind Medien, die sich an sehr viele Leute richten, also an Massen von Menschen.
Das erste Massenmedium war das **Buch**. Es wurde allerdings erst zu einem Massenmedium, als Johannes Gutenberg 1440 den Buchdruck erfunden hat. Von da an verbreiteten sich Informationen sehr viel schneller als zuvor. Bis dahin wurden Bücher mühsam mit der Hand geschrieben. Das Abschreiben dauerte sehr lange und darum waren Bücher etwas Seltenes und Kostbares. Erst 200 Jahre später, im Jahr 1650 erschien die erste **Tageszeitung** in Leipzig. Informationen verbreiteten sich nun immer schneller.

Der nächste Schritt in der Beschleunigung von Informationen erfolgte 1893. Nikola Tesla gelang es, Radiowellen über eine Strecke von 190 Metern zu schicken. Damit war ein wichtiger Grundstein für die Verbreitung des **Radios** gelegt.

Ungefähr zur gleichen Zeit kamen auch einige Erfinder auf die Idee, Bilder über große Strecken zu übertragen. Zum Massenmedium wurde das **Fernsehen** aber erst ab 1950, als sich immer mehr Menschen einen Fernsehapparat leisten konnten.

Den ersten **Computer** baute Konrad Zuse um 1940. Ab 1990 verbreitete sich die Nutzung des **Internet**. Damit wurden dann auch Anwendungen wie E-Mail oder soziale Netzwerke eingeführt.

Die Massenmedien haben sich über einen langen Zeitraum weiterentwickelt.

Ordne die oben genannten sechs Erfindungen ungefähr in den Zeitstrahl ein.

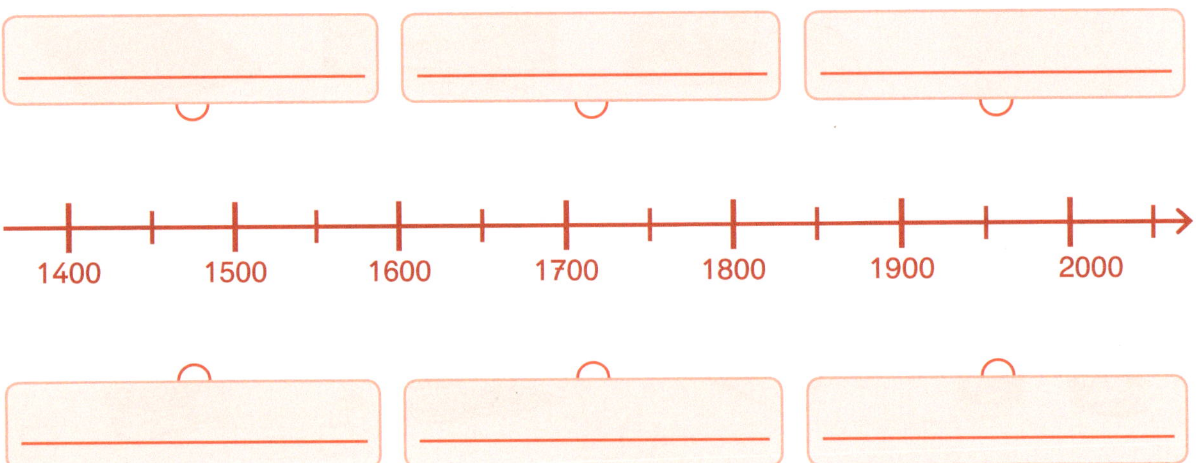

Hast du die Seite fertig bearbeitet? Dann darfst du dir hinten einen Stern auf die Nummer 145 kleben.

Die Medien sind aus unserem Alltag nicht mehr wegzudenken.
Welche Medien nutzt du und wie viel Zeit verbringst du damit?

Schreibe einen Tag lang auf, welche Medien du wie lange nutzt.
Übertrage die Ergebnisse in das Diagramm.

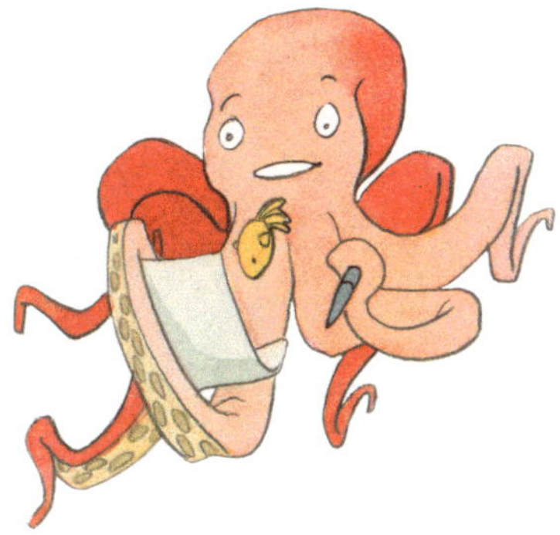

Medium	Nutzungsdauer
Buch	______ Minuten
Schulbuch	______ Minuten
Radio	______ Minuten
Fernsehen	______ Minuten
Telefon	______ Minuten
Computer	______ Minuten
Handy	______ Minuten
Summe	______ Minuten

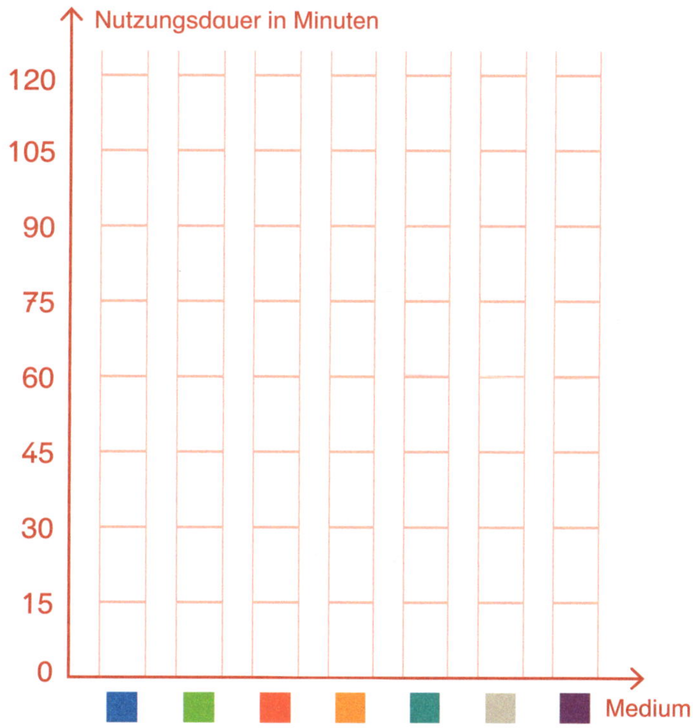

Sicherlich hast du mit deinen Eltern schon einmal diskutiert, wie oft und wie lange du am Tag fernsehen darfst. Wer zu viel Zeit vor dem Fernseher oder am Computer verbringt, hat weniger Zeit zum Spielen, um Freunde zu treffen oder für Schularbeiten.
Ärzte raten: Die tägliche Nutzungszeit von Medien sollte sich nach dem Alter richten, für jedes Lebensjahr darf man 10 Minuten Medienzeit rechnen.
Wie lange darfst du dann am Tag fernsehen, den Computer nutzen, CD hören, …?

Wie lädst du deine Freundinnen und Freunde zu deiner Geburtstagsfeier ein? Rufst du sie an, schreibst du Einladungskarten oder eine E-Mail? Da Menschen das Bedürfnis haben sich mitzuteilen, haben sie Mittel und Wege – also Medien – gesucht, um sich auch über weite Strecken auszutauschen. Das ist Simon. Begleite ihn auf einer Zeitreise und schau dir an, wie eine Geburtstagseinladung zu unterschiedlichen Zeiten verschickt worden wäre.

Steinzeit

Schon in der Steinzeit, also vor mehr als 10 000 Jahren, sollen sich Menschen über größere Entfernungen mit Rauchzeichen verständigt haben. Eine Einladung zum Geburtstag wäre damals also so verschickt worden, wie du es im Bild rechts siehst.

Antike

In der Antike hatten sich schon die ersten Schriftzeichen entwickelt. Die Römer beispielsweise ritzten ihre Nachrichten in Steinplatten, Tontafeln oder Wachsplatten. Deine Einladung wäre damals ziemlich schwer gewesen oder hätte leicht zerbrechen oder schmelzen können.

Mittelalter

Viele tausend Jahre später, im Mittelalter, gab es zwar schon Papier, aber nur sehr wenige Menschen konnten lesen oder schreiben, z. B. Adlige oder Mönche. Für deine Einladung hättest du die Hilfe eines Schreibers benötigt. Schreiber gab es aber auch nur wenige und ihre Dienste waren teuer. Die meisten Menschen konnten sich also nicht über Briefe austauschen. Stattdessen hat man sich bei fahrenden Händlern informiert. Du hättest also einen Händler bitten müssen, die Einladung weiterzugeben, wenn er ins nächste Dorf kommt.

16. Jahrhundert

Im 16. Jahrhundert gab es schon Poststationen, zwischen denen die Post mit Kurieren und Kutschen transportiert wurde. Es konnten auch immer mehr Menschen lesen und schreiben. Du hättest deine Einladung also schon mit einem Federkiel und Tinte auf Papier schreiben können.

19. Jahrhundert

Ab der Mitte des 19. Jahrhunderts konnte man Nachrichten dann schon viel schneller mithilfe eines neuen Mediums übermitteln: der Telegrafie. Man ging in ein Telegrafenamt. Dort wurde die Nachricht in Morsezeichen übersetzt und zu einem anderen Telegrafenamt gesendet. Ein Telegramm war aber sehr teuer. Nur wenige Jahre später wurde das Telefon erfunden. Nun konnte man jemanden anrufen und zum Geburtstag einladen.

A ·–	B –···	C –·–·	D –··	E ·	F ··–·	G ––·
H ····	I ··	J ·–––	K –·–	L ·–··	M ––	N –·
O –––	P ·––·	Q ––·–	R ·–·	S ···	T –	U ··–
V ···–	W ·––	X –··–	Y –·––	Z ––··		

Welches Wort steht hier?

·   ··   –·   ·–··   ·–   –··   ··–   –·   ––·   ____________________

21. Jahrhundert

Heute besitzt jede Familie mehrere (mobile und Festnetz-) Telefone. Damit sind wir wieder in der Gegenwart angekommen. Heute hast du Wahl zwischen unterschiedlichen Formen der Geburtstagseinladung.

Wie verschickst du deine Geburtstagseinladungen?

____

Hast du die Seite fertig bearbeitet? Dann darfst du dir hinten einen Stern auf die Nummer 204 kleben.

1 Von den amerikanischen Ureinwohnern, den Indianern, weiß man, dass sie sich früher über weite Entfernungen mit Rauchzeichen verständigt haben. Wann begannen die Menschen wahrscheinlich, mithilfe von Rauch Botschaften zu übermitteln?

____

2 Welche Nachteile hatten die Medien, die die Römer in der Antike genutzt haben?

____

____

____

3 Aus welchen Zeichen setzt sich das Morsealphabet zusammen?

____

4 Wann nutzte man welche Medien? Entscheide.

a) Wahrscheinlich wurde in der Steinzeit mithilfe dieses Mediums über größere Entfernungen kommuniziert: ______________.

b) Ohne ihre Hilfe konnte man im Mittelalter keine Nachrichten übermitteln.

______________ und ______________.

c) Im 16. Jahrhundert wurde die Post zwischen Poststationen durch

______________ und ______________ befördert.

d) Im 19. Jahrhundert wurde die Kommunikation über weite Entfernungen durch zwei Erfindungen stark beschleunigt.
Um welche Erfindungen handelt es sich?

______________ und ______________.

5 Welche Erfindung des 19. Jahrhunderts besitzt heute jede Familie?

____

Hast du die Seite fertig bearbeitet? Dann darfst du dir hinten einen Stern auf die Nummer 84 kleben.

Jeden Tag benutzen wir mehrere unterschiedliche Medien. Mit einigen Medien kommunizieren wir hauptsächlich, manche helfen uns dabei, Informationen zu finden und andere nutzen wir zur Unterhaltung und zum Spaß.

Welches Medium wird wozu genutzt? Kreuze an. Man kann auch mehrere Kreuze setzen.

Medium	Kommunikation	Information	Unterhaltung
Buch	☐	☐	☐
Zeitschrift	☐	☐	☐
CD	☐	☐	☐
Fernseher	☐	☐	☐
Computer	☐	☐	☐
Handy	☐	☐	☐
Spielekonsole	☐	☐	☐
Radio	☐	☐	☐

Jedes Medium hat Vor- und Nachteile. Beim Fernsehen z. B. ist der Vorteil, dass man immer eine spannende Sendung findet, wenn einem langweilig ist. Nachteilig ist aber, dass man oft lange davor sitzt und sich in dieser Zeit z. B. nicht bewegt oder womöglich sogar seine Freunde und Freundinnen vernachlässigt.

Suche dir zwei Medien aus der Tabelle aus und schreibe ihre Vor- und Nachteile auf. Besprich deine Ergebnisse mit einem Erwachsenen oder einem Partnerkind.

Medium 1: ______________________

Vorteil	Nachteil
______________	______________
______________	______________
______________	______________

Medium 2: ______________________

Vorteil	Nachteil
______________	______________
______________	______________
______________	______________

Es gibt eine ganze Reihe verschiedener digitaler Medien. Behältst du den Überblick?

Ordne den Beschreibungen den Namen des Geräts und die passende Abbildung zu.

Name	Beschreibung	Abbildung
E-Reader	So nennt man einen kleinen, flachen und tragbaren Computer mit Touchscreen. Die Tastatur hat keine richtigen Tasten, sondern erscheint auf dem Bildschirm. Übersetzt heißt das Gerät Tablett, weil es so flach ist.	
Tablet	Mit dem Gerät kann man nicht nur telefonieren, sondern auch ins Internet gehen, fotografieren oder Spiele spielen. Übersetzt heißt das Gerät „schlaues Telefon“.	
PC (Personal Computer)	Auf Deutsch würde man das Gerät als elektronisches Buch bezeichnen. Dabei kann man darauf ganz viele elektronische Bücher speichern. Man kann damit sogar im Dunkeln lesen.	
Smartwatch	Dieses Gerät hat auch eine Tastatur mit richtigen Tasten. Man kann es aber auch zusammenklappen und dann gut auf Reisen mitnehmen. Übersetzt heißt es „Notizbuch“.	
Smartphone	Dieses Gerät heißt übersetzt „privater Rechner“. Das Gerät gibt es von allen hier gesuchten Geräten schon am längsten.	
Notebook oder Laptop	Übersetzt heißt dieses Gerät „schlaue Uhr“. Es zeigt nicht nur die Zeit an, es kann auch mit dem Smartphone verbunden werden und Nachrichten oder den Wetterbericht anzeigen. Manche dieser Geräte zählen auch, wie viele Schritte du am Tag machst.	

 Hast du die Seite fertig bearbeitet? Dann darfst du dir hinten einen Stern auf die Nummer 137 und 164 kleben.

Ob Computer, Notebook, Tablet oder Smartphone: Diese digitalen Medien bestehen aus gleichen Bauteilen. Diese Bauteile nennt man „Hardware“. Das ist Englisch und bedeutet so viel wie „harte Dinge“. Damit sind alle Teile am Computer gemeint, die man anfassen kann.

N	E	T	Z	K	A	B	E	L	A	B	C	D	E	F
G	H	A	I	J	K	L	M	A	N	O	P	Q	R	S
T	U	S	V	W	X	Y	Z	U	A	B	C	D	E	F
G	H	T	I	J	F	E	S	T	P	L	A	T	T	E
K	K	A	M	E	R	A	L	S	M	N	O	P	Q	R
S	T	T	U	V	W	X	Y	P	Z	A	B	C	D	E
F	G	U	H	I	J	K	L	R	M	N	O	P	Q	R
S	T	R	U	V	W	X	Y	E	Z	A	B	C	D	E
F	G	H	I	J	K	L	M	C	N	O	P	Q	R	S
T	U	B	I	L	D	S	C	H	I	R	M	V	W	X
Y	Z	A	B	C	D	E	F	E	G	H	I	J	K	L
P	R	O	Z	E	S	S	O	R	M	N	O	P	Q	R

Suche die wichtigsten Bauteile im Suchsel und schreibe sie zu der passenden Beschreibung.

Diese Begriffe werden gesucht: Lautsprecher, Kamera, Prozessor, Bildschirm, Netzkabel, Festplatte, Tastatur.

Dieses Bauteil ist das Gehirn des Computers.
Er steuert alle anderen Bauteile. ______________________

Darauf werden alle Daten gespeichert. Die Daten
bleiben dort, auch wenn der Computer aus ist. ______________________

Mit dem Gerät gibst du Daten in den Computer ein. ______________________

Diese Bauteile benötigst du, damit du die Töne hören kannst,
die der Computer erzeugt. ______________________

Darauf siehst du die Dateien, an denen du arbeitest
oder die Internetseiten, auf denen du dich befindest. ______________________

Hiermit schließt du den Computer
an eine Stromquelle an. ______________________

Dieses Gerät benötigst du, wenn du Bilder machen oder
ein Videotelefonat über das Internet führen möchtest. ______________________

Ein Computer ist eine Maschine, die Daten berechnet bzw. verarbeitet. Das Wort Computer kommt aus dem Englischen und bedeutet eigentlich „Rechner“. Jeder Computer besteht aus mehreren Bauteilen. Diese Bauteile nennt man auch „Hardware“. Mit Eingabegeräten wie der Tastatur oder der Maus füttert man Computer mit Daten.

Wozu werden die Tasten auf der Tastatur benutzt?
Ordne zu, indem du die Nummern aus der Tabelle in die Kästchen einträgst.
Du kannst auch ein Schreibprogramm auf dem Computer öffnen und die Tasten ausprobieren.

	Deutsche Bezeichnung	**Englische Bezeichnung**	**Erklärung**
1	Leertaste	Spacetaste	Mit dieser Taste kannst du einzelne Wörter beim Schreiben trennen.
2	Eingabetaste	Entertaste	Wenn du diese Taste drückst, springt der Cursor in die nächste Zeile.
3	Hochstelltaste Umschalttaste	Shifttaste	Diese Taste musst du drücken, wenn du einen Buchstaben groß oder die Sonderzeichen über den Zahlen schreiben willst.
4	Rücktaste	Backspacetaste	Wenn du dich vertippt hast, kannst du hiermit Buchstaben wieder löschen.
5	Tabulatortaste	Tabtaste	Wenn du diese Taste drückst, dann springt der Cursor ein größeres Stück als bei der Spacetaste.
6	AltGr-Taste (alternativer Graph)		Diese Taste muss du drücken, wenn du das „@“ oder das „€“-Zeichen tippen möchtest.

Auf den Tastaturen fehlen Buchstaben.

Finde heraus, welche es sind und trage sie in die Tastatur ein.
Welches Wort kann man aus den Buchstaben bilden?

Lösungswort:

Lösungswort:

Lösungswort:

Lösungswort:

So sprechen Computer

Von den Computern zu Hause, bei Freunden und in der Schule weiβt du, dass die Geräte zwar unterschiedlich aussehen, aber doch bestimmte Teile immer gemeinsam haben. Jeder Computer besteht zunächst einmal aus der „Hardware“ (siehe Seite 11).

Der Computer funktioniert aber nur, wenn auf ihm auch Software läuft. Das bedeutet übersetzt „weiche Dinge“. Die Software kann man nicht sehen oder anfassen.

Das ist so ähnlich wie bei uns Menschen. Der Körper, also die Haut, die Knochen und die Muskeln, sind unsere Hardware. Damit der Körper funktioniert, benötigt man das Gehirn, das den Körper steuert. Man sieht aber nicht, wie das Gehirn das macht.

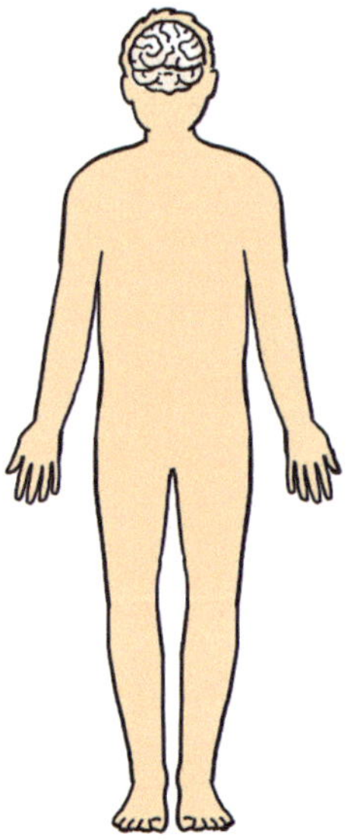

Der Computer hat eine „Geheimsprache“, die nur aus Nullen und Einsen besteht. Die Software auf dem Computer kann man sich wie eine lange Kette aus 0 und 1 vorstellen. Dabei steht die 0 im Computer für „Strom aus“ und die 1 für „Strom an“. Das ist so, als wenn du einen Lichtschalter betätigst.
Mit dieser Geheimsprache kann man zum Beispiel jede beliebige Zahl darstellen, wie in der Tabelle rechts.

So setzen sich nicht nur die Zahlen, sondern alles, was du auf dem Computerbildschirm sehen kannst, im Hintergrund aus Nullen und Einsen zusammen.

**Hier fehlen Zahlen.
Kannst du sie ergänzen?**

Zahl	„Geheimsprache“
0	0
1	1
2	1 0
3	1 1
4	1 0 0
5	
6	1 1 0
7	
8	1 0 0 0
9	
10	1 0 1 0
11	

Finde Pauls Weg zu seinem Freund.
Die Sternschnuppen zeigen dir die Richtung.

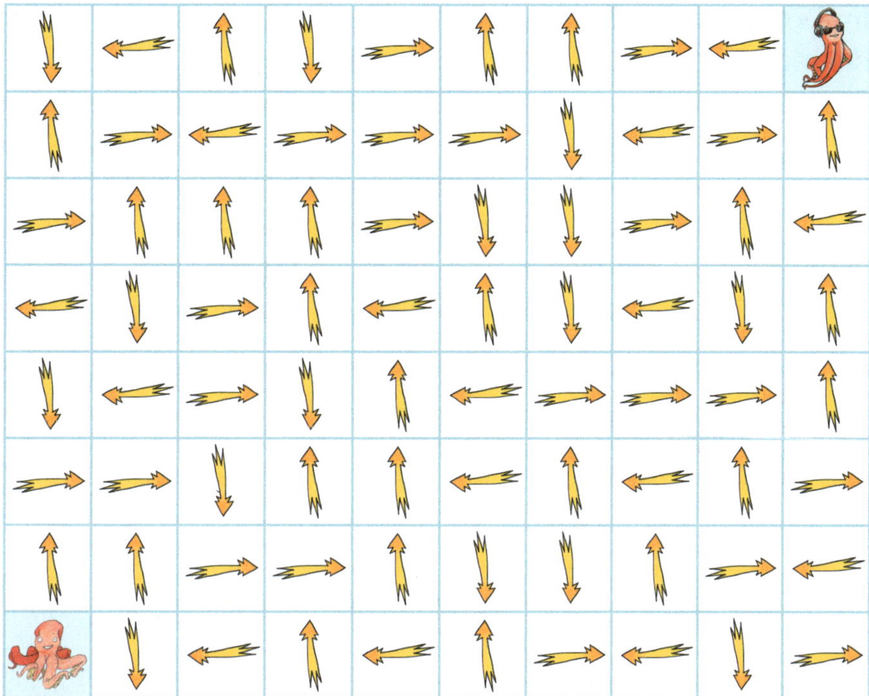

Im Computerprogramm werden alle Informationen mit den Zahlen 0 und 1 dargestellt.

Wenn du die bunten Sterne im Raster durch Zahlen ersetzt und abwechselnd der 0 und der 1 folgst, findest du Pauls Weg zur Muschel.

Im Dateimanager findet und ordnet man alle Daten, die man auf einem Computer sammelt. Sucht man im Computer eine bestimmte Datei, so kann man ein Suchwort in die „Suchen“-Leiste eingeben. Mit der Zeit sammeln sich jede Menge unterschiedlicher Dateien auf einem Computer an. Damit man schneller etwas wiederfindet, kann man die Daten in Ordnern sortieren. Das kannst du mit deinen Arbeitsblättern in der Schule vergleichen. Die Arbeitsblätter legst du auch nicht einfach lose in deinen Ranzen, sondern du sortierst sie nach Fächern in Mappen oder Ordner.

Clara hat verschiedene Dateien auf ihrem Computer und möchte sie ordnen, damit sie sie später leichter wiederfindet.

Hilf ihr beim Sortieren.

- Schule
  - Referat
  - Deutsch
  - Sachunterricht
- Fotos
  - Urlaub
  - Freunde
- Sonstiges
  - Briefe
  - Rezepte
  - Musik

- Brief_Oma.docx
- Arbeitsblatt_Gedicht.docx
- Bild_Ciara_Freundin.jpg
- Arbeitsblatt_Feuerwehr.docx
- Wunschzettel.docx
- Referat_Müll.docx
- Weihnachtslieder.mp3
- Foto_Strand.jpg
- Kochrezept_Kürbissuppe.docx
- Liedtexte_Weihnachtslieder.docx
- Hausaufgaben_Adjektive.docx
- Lieblingsmusik.mp3
- Backrezept_Kekse.docx

Hast du die Seite fertig bearbeitet? Dann darfst du dir hinten einen Stern auf die Nummer 100 kleben.

Das Wort Browser kommt aus dem Englischen und bedeutet übersetzt so viel wie „suchen“, „stöbern“ oder „umsehen“. Ein Webbrowser ist ein spezielles Programm, mit dem man sich im Internet auf Internetseiten „umsehen“ kann. Man sagt auch „surfen“ dazu. Es gibt viele verschiedene Webbrowser. Aber viele Bestandteile haben alle gemeinsam.

Ordne zu.

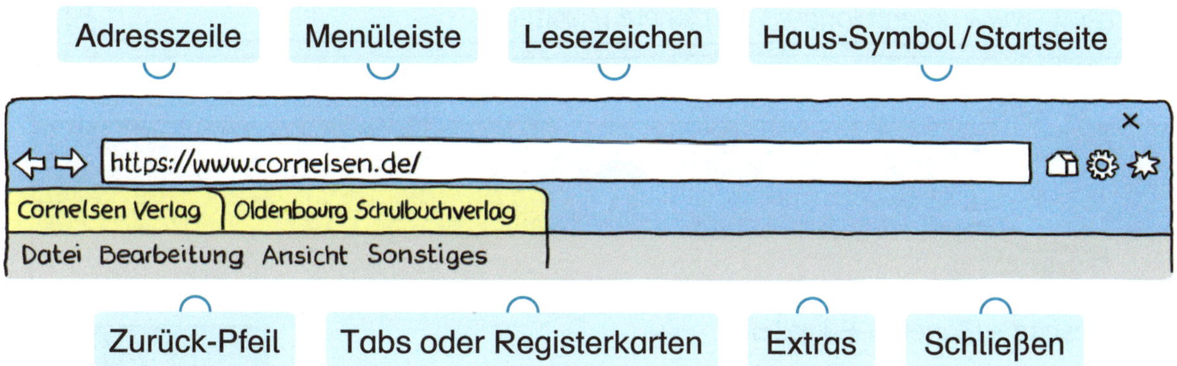

Finde heraus, wie ein Webbrowser funktioniert.

Fülle dazu den Lückentext mit den Begriffen von oben aus.

Um eine Internetseite aufzurufen, musst du eine Adresse in die ______________ eingeben. Manchmal findet man auch den Begriff „URL“ anstelle von „Adresse“. Das bedeutet aber das Gleiche. Wenn du von einer Internetseite auf die vorherige zurückgehen möchtest, klickst du den ______________ an. Für Seiten, die du immer wieder besuchst, kannst du ein ______________ setzen. So musst du nicht jedes Mal die Adresse neu eingeben. Um zurück auf deine Startseite zu kommen, klickst du das ______________ an. Du kannst selbst bestimmen, welche Seite dann erscheinen soll. Viele Menschen richten als Startseite eine Suchmaschine ein, z. B. Google, Blinde Kuh, fragFinn, … Wenn man mehrere Internetseiten gleichzeitig geöffnet hat, sieht man mehrere ______________ ______________. Die Webseiten stehen wie in einem Karteikasten hintereinander. Mit dem ______________-Symbol kann man die Tabs oder auch den ganzen Browser schließen. Über die ______________ und das Zahnradsymbol für ______________ kann man verschiedene Bearbeitungsfunktionen ausführen.

Es gibt sehr viele unterschiedliche Internetseiten.
Aber einige Dinge sind auf vielen Internetseiten gleich.

Ordne zu.

Logo | Menü | Suche | Header bzw. Kopfzeile

Fußzeile | Inhaltsbereich | Impressum | Kontakt

Hast du die Seite fertig bearbeitet? Dann darfst du dir hinten einen Stern auf die Nummer 103 kleben.

Hier hast du Platz, deine eigene Klassenhomepage zu gestalten.

Soll ich meine Homepage Krake, Oktopus oder Tintenfisch nennen?

Überlege dir, was du auf der Startseite präsentieren möchtest. Vielleicht möchtest du deine Klasse und deine Lehrerinnen und Lehrer vorstellen. Im Menü könnten als Unterpunkte z. B. eine Klassenfahrt oder ein Schulfest aufgeführt werden. Achte darauf, dass folgende Bauteile einer Internetseite enthalten sind:

Kopfzeile | Logo | Suchfeld | Inhaltsbereich | Fußzeile | Impressum | Menü

Hast du die Seite fertig bearbeitet? Dann darfst du dir hinten einen Stern auf die Nummer 167 und 174 kleben.

Wo findet man Informationen?

Hanno möchte ein Referat über den Fuchs halten.
Aber an seiner Schule ist das Internet ausgefallen.

Wie und wo kann sich Hanno informieren? Schreibe auf.

Hast du die Seite fertig bearbeitet? Dann darfst du dir hinten einen Stern auf die Nummer 173 kleben.

Welche Medien eignen sich am besten? Wo schaust du zuerst nach?
Kreuze an. Manchmal sind mehrere Antworten möglich.

Fragen	Lexikon	Sachbuch	Zeitung/ Zeitschrift	Fernsehen/ Film	Museum/ Zoo	Experten befragen (Förster/ Tierarzt)
Woher kommt der Name „Fuchs“?	☐	☐	☐	☐	☐	☐
Wie sieht es aus, wenn eine Füchsin Junge bekommt?	☐	☐	☐	☐	☐	☐
Wo gibt es einen Fuchsbau in der Nähe von Hannos Schule?	☐	☐	☐	☐	☐	☐
Wie fühlt sich ein Fuchsfell an?	☐	☐	☐	☐	☐	☐
Gibt es Füchse auf der ganzen Welt?	☐	☐	☐	☐	☐	☐
Welche Fuchsrassen gibt es?	☐	☐	☐	☐	☐	☐
Wie riechen Füchse?	☐	☐	☐	☐	☐	☐
Gibt es Berichte über Füchse in Hannos Nachbarschaft?	☐	☐	☐	☐	☐	☐
Hanno hat gelesen, dass Füchse Tollwut verbreiten. Stimmt das? Was ist Tollwut?	☐	☐	☐	☐	☐	☐
Was fressen Füchse?	☐	☐	☐	☐	☐	☐
Wie sieht eine Fuchsspur aus?	☐	☐	☐	☐	☐	☐
Welche Geräusche machen Füchse?	☐	☐	☐	☐	☐	☐
Wie schnell kann ein Fuchs rennen?	☐	☐	☐	☐	☐	☐
Wie alt kann ein Fuchs werden?	☐	☐	☐	☐	☐	☐
Können Füchse im Dunkeln sehen?	☐	☐	☐	☐	☐	☐

Clara möchte von ihrem Vater wissen, welcher der kleinste Knochen im menschlichen Körper ist. „Moment, da schaue ich mal im Internet nach“, antwortet er. Auf seinem Computer geht er ins Internet und öffnet eine Suchmaschine. In der vorgesehenen Zeile für die Suchanfrage gibt er Claras Frage ein. Blitzschnell erscheinen Ergebnisse:

Wer weiß was?

Welcher ist der kleinste Knochen im menschlichen Körper?

Alle | Bilder | mehr

Der Steigbügel – Aufbau und Funktion
www.kinderschlagennach.de/dasohr/steigbügel
Der Steigbügel ist ein Gehörknöchelchen im Ohr. Er ist der kleinste Knochen des Körpers …

Unser Skelett: Gehörknöchelchen
www.dermenschlichekoerper.de/skelett/gehörknöchelchen/steigbügel
Mit gerade mal drei Millimetern ist der Steigbügel der kleinste Knochen des Skeletts. …

Aber wie findet die Suchmaschine im Internet so schnell Antworten? Man kann sich das in etwa so vorstellen:

Über das Internet ist der Computer von Claras Papa mit dem Großrechner der Suchmaschine verbunden.

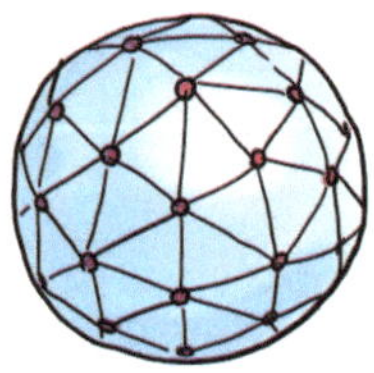

Das Internet besteht aus Millionen von Computern, die alle miteinander verbunden sind.

Man kann jeden Computer über eine Internetadresse erreichen.

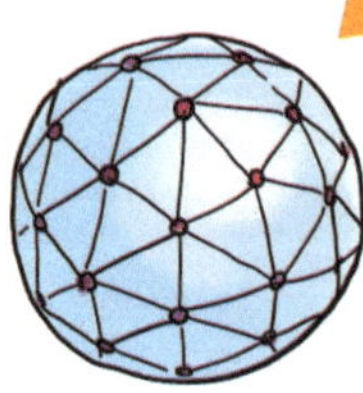

Die Suchmaschine hat auf ihren riesengroßen Computern ein Verzeichnis von Milliarden von Internetseiten. Darin sucht die Suchmaschine alle Seiten heraus, auf denen etwas über Knochen steht.

Die Liste mit diesen Seiten schickt die Suchmaschine an den Computer von Claras Papa.

Nun kann er sich passende Seiten heraussuchen.

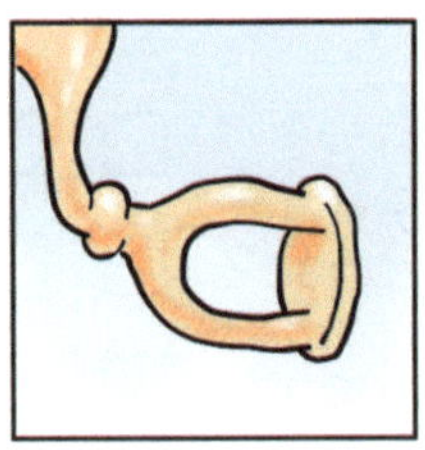

Hast du die Seite fertig bearbeitet? Dann darfst du dir hinten einen Stern auf die Nummer 146 kleben.

Wenn man eine Suchmaschine für Erwachsene benutzt, bekommt man nicht nur Ergebnisse angezeigt, die zu informativen Seiten führen. Daneben erhält man auch Ergebnisse, die z. B. Werbung oder falsche Informationen enthalten.
Das ist manchmal schwer zu unterscheiden.
Es gibt aber spezielle Suchmaschinen für Kinder. Dort werden nur Ergebnisse angezeigt, die zuvor von Erwachsenen geprüft wurden. Ein paar Beispiele für Kindersuchmaschinen sind fragFinn, Helles Köpfchen, Blinde Kuh, KLexikon, …

Finde Antworten auf die folgenden Fragen, indem du eine der oben genannten Suchmaschinen nutzt.
Nicht mit jeder Suchmaschine findest du Antworten auf jede Frage.
Vielleicht musst du mehrere ausprobieren.

Wie viele Knochen hat der Mensch?

____

Wie viel Liter Milch gibt eine Kuh ungefähr pro Tag?

____

Wie alt wurde der älteste Mensch?

____

Welches ist das schnellste Tier der Erde?

____

Welcher ist der kleinste Vogel auf der Welt?

____

Welches ist das größte Organ des Körpers?

____

Wie heißt die größte Stadt der Welt?

____

Hast du die Seite fertig bearbeitet? Dann darfst du dir hinten einen Stern auf die Nummer 111 kleben.

Mit Suchmaschinen kann man nach Antworten auf ganz bestimmte Fragen suchen. Man kann sich aber auch allgemein zu einem Thema informieren. Grundsätzlich ist es wichtig, dass man die richtigen Begriffe eingibt. Sonst erhält man vielleicht Informationen, die man gar nicht brauchen kann.

Hanno und Clara möchten etwas über **Fußball** und die **Autorin** von Pippi Langstrumpf erfahren. Sie probieren unterschiedliche Suchbegriffe aus. Welche Begriffe sind geeignet und welche nicht?
Probiere aus, indem du die unten aufgeführten Suchbegriffe in einer Kindersuchmaschine eingibst.

Entscheide dann, ob der Begriff ungeeignet ☐, ungenau ☐ oder passend ☐ ist.

Pippi Langstrumpf ☐ ☐ ☐	Ballsport ☐ ☐ ☐
Kinderbuch ☐ ☐ ☐	Mannschaft ☐ ☐ ☐
Astrid Lindgren ☐ ☐ ☐	Schiedsrichter ☐ ☐ ☐
Annika ☐ ☐ ☐	Fußballvereine in Deutschland ☐ ☐ ☐
Schweden ☐ ☐ ☐	Fußballregeln ☐ ☐ ☐
gepunktetes Pferd ☐ ☐ ☐	Spielregeln ☐ ☐ ☐
Kleiner Onkel ☐ ☐ ☐	Stadion ☐ ☐ ☐
Villa Kunterbunt ☐ ☐ ☐	Fußball-Bundesliga ☐ ☐ ☐

Hast du die Seite fertig bearbeitet? Dann darfst du dir hinten einen Stern auf die Nummer 83 kleben.

Wenn du doch einmal eine Suchmaschine benutzt, die eigentlich für Erwachsene gedacht ist, musst du aufpassen. Viele Ergebnisse sind nicht für Kinder geeignet, darum solltest du einige Regeln beachten.

Verbinde die Regeln, die zusammengehören.

Wegklicken! Unangenehme Seiten solltest du sofort schließen.	Manchmal hilft es, Dinge aufzuschreiben, um damit klarzukommen.
Surfe nur auf geprüften Kinderseiten oder Seiten für Jugendliche.	Zusammen mit anderen kann man unangenehmen Inhalten besser begegnen.
Rede mit Freundinnen oder Freunden über das Erlebnis.	Jugendschutz.net ist eine Stelle, die prüft, ob Inhalte im Netz für Kinder oder Jugendliche gefährlich sind.
Surfe öfter mit anderen.	Manchmal hilft es, über Erlebnisse zu sprechen und sich mit anderen auszutauschen.
Zeige deinen Eltern, was du gesehen hast.	Einige Suchmaschinen bieten Meldeformulare an. Mit diesen Formularen kann man Seiten melden.
Schreibe dein Online-Erlebnis auf, z. B. in einem Tagebuch.	Was man nicht sehen möchte, muss man auch nicht sehen. Jeder kann selbst wählen.

Hast du die Seite fertig bearbeitet? Dann darfst du dir hinten einen Stern auf die Nummer 113 kleben.

Welche der folgenden Aussagen zum Internet sind richtig und welche sind falsch?

Kreuze an.

	richtig	falsch
Informationen im Internet sind immer richtig.	☐	☐
Je genauer das Suchwort, desto besser ist auch das Suchergebnis.	☐	☐
Suchmaschinen können denken.	☐	☐
Internetseiten, die dir Angst machen, meldest du oder du sprichst mit deinen Eltern.	☐	☐
Das erste angezeigte Suchergebnis ist immer das Beste.	☐	☐
Mit normalen Suchmaschinen findest du schneller Sachen, die Kinder interessieren, als mit Kindersuchmaschinen.	☐	☐
Je mehr Seiten geöffnet sind, umso unübersichtlicher wird es.	☐	☐
Eine Internetseite zu melden bedeutet, eine Lieblingsseite vorzuschlagen.	☐	☐
Ein Lexikon braucht man heute nicht mehr.	☐	☐
Es reicht, wenn ich mit einer einzigen Suchmaschine arbeite. Mehr brauche ich nicht.	☐	☐
Suchbegriffe, die ich eingegeben habe, werden gespeichert. So wissen die Betreiber der Suchmaschine, welche Themen mich interessieren.	☐	☐

Tausche dich mit einem Erwachsenen oder einem Partnerkind aus.

Hast du die Seite fertig bearbeitet? Dann darfst du dir hinten einen Stern auf die Nummer 86 kleben.

Was sind Links?

Das Wort „Link“ kommt aus dem Englischen und bedeutet „Verbindung“. Man verbindet mit einem Link z. B. zwei Internetseiten miteinander. Ein Link kann z. B. von einem geschriebenen Wort oder einem Bild ausgehen. Wenn der Link angeklickt wird, öffnet sich eine andere Webseite. Links sind meist besonders gekennzeichnet. Manchmal haben sie eine andere Farbe und sind unterstrichen.

Clara liest sich im Internet einen Text über Pferde durch, in dem einige Wörter verlinkt sind. (Die unten aufgeführten Webseiten gibt es nicht wirklich.)

Welcher Link könnte zu welcher (erfundenen) Webseite führen? Verbinde.

http://www.**wissenswertesueberpferde.de/**

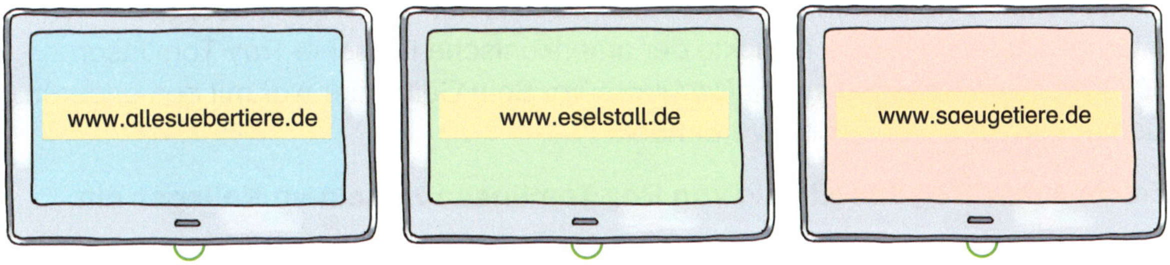

Das *Pferd* ist ein *Säugetier*. Es ist eng verwandt mit dem *Esel* und dem *Zebra*. Die Ernährung des Pferdes besteht hauptsächlich aus Gras. Echte Wildpferde sind mittlerweile sehr selten. Man begegnet Pferden normalerweise beim Sport oder im Urlaub, z. B. auf dem *Ponyhof*.

Pferde haben ein kurzes, dichtes Fell, am Hals eine Mähne und einen langen Schweif. Die Füße eines Pferdes enden in einem *Huf*, der aus einer harten Hornhaut, ähnlich den menschlichen Fuß- oder Fingernägeln besteht.

Hast du die Seite fertig bearbeitet? Dann darfst du dir hinten einen Stern auf die Nummer 134 und 116 kleben.

Briefe werden bei uns mit der Post befördert. Die Post gibt es schon seit vielen hundert Jahren. Früher wurden Briefe mit Kutschen oder zu Pferd von Ort zu Ort gebracht. Heute geschieht das mit Autos, Lastwagen, Schiffen, Zügen oder sogar Flugzeugen. Meist ist ein Brief so schon am nächsten Tag beim Empfänger.

Noch schneller geht es heute mit der elektronischen Post. Ins Englische übersetzt heißt elektronische Post „electronic mail", abgekürzt „E-Mail". Dabei werden Briefe nicht mehr auf Papier, sondern auf dem Computer geschrieben. Man wirft sie auch nicht in einen Briefkasten, sondern verschickt sie mit einem Klick über das Internet. Die erste E-Mail schickte der amerikanische Forscher Ray Tomlinson 1971 an einen Kollegen in das Nachbarbüro. Sein Computer war mit den anderen Computern noch über Kabel verbunden.

Zeichne den Weg des Kabels von Ray Tomlinson zu seinem Kollegen ein.

Wenn du jemandem einen Brief schreiben möchtest, benötigst du die Adresse. Auch für E-Mails benötigt man eine Adresse. Jede E-Mail-Adresse hat in der Mitte das @-Zeichen, das „ätt" ausgesprochen wird. Manche nennen das Zeichen auch Klammeraffe, denn der Bogen sieht ein wenig aus wie der Schwanz eines Klammeraffen.

Eine E-Mail kannst du auch an mehrere Personen gleichzeitig schicken. Außerdem kann man an eine Mail z. B. Bilder, Videos und andere Dateien anhängen.

Hast du die Seite fertig bearbeitet? Dann darfst du dir hinten einen Stern auf die Nummer 119 kleben.

Hast du den Text auf Seite 28 aufmerksam gelesen?
Dann trage die richtigen Antworten in die Lücken ein.

wenige Sekunden | E-Mail-Adresse | Zugang zum Internet | „ätt“ | am nächsten Tag | Computer | elektronischer Brief | 1971

Ein Brief wird dem Empfänger meist ______________________ zugestellt.

Eine E-Mail braucht bis zum Empfänger ___________________________.

„E-Mail“ ist ein englisches Wort und bedeutet auf Deutsch ______________ ____________________. Um eine E-Mail zu schreiben braucht man einen ________________ und einen ___________________________.

Die erste E-Mail wurde ____________ verschickt. Für das Versenden einer E-Mail braucht man eine ___________________________.

Das Zeichen @ wird so ausgesprochen: ____________.

Übe hier, das @ zu schreiben.

Auf der Tastatur kann man das @-Zeichen schreiben, indem man AltGr und Q oder AltGr und L gleichzeitig drückt.

@

Clara geht auf die Neustadtschule. Sie wünscht sich ihre erste eigene E-Mail-Adresse. Mit Unterstützung ihrer Lehrerin richtet sie sich eine E-Mail-Adresse ein. Die Adresse besteht aus folgenden Teilen:

Das @ steht für „at“ und bedeutet „bei“.	@
Diese Abkürzung steht für Deutschland. Man erkennt daran, dass der Absender aus Deutschland kommt. „.ch“ z. B. steht für die Schweiz, „.at“ für Österreich.	.de
Der zweite Teil gehört zum Server, das ist der Ort, an dem die E-Mail ankommt und abgeholt wird.	neustadtschule
Dieser Teil steht in der Regel für die individuelle Person, der die E-Mail-Adresse gehört. An dieser Stelle ist es oft üblich, anstelle seines richtigen Namens einen Spitznamen oder ein ganz anderes Wort einzusetzen. Die Umlaute „ä“, „ü“, „ö“ müssen so geschrieben werden: „ae“, „ue“, „oe“.	clara

Schreibe die vier Teile in richtiger Reihenfolge:

@ .de neustadtschule clara

____

Eine E-Mail-Adresse muss aus diesen vier Teilen bestehen. Auch die Reihenfolge ist wichtig. Beim Einrichten ihrer Mailadressen haben einige Kinder Fehler gemacht.

Kreuze an, welche Mailadressen nicht funktionieren können und korrigiere sie.

- ☐ Hanno2012@neustadtschule.de _______________________
- ☐ Önder@neustadtschule.de _______________________
- ☐ www.theresa-neustadtschule.de _______________________
- ☐ neustadtschule.de@Ferdi _______________________
- ☐ Max@neustadtschule _______________________

 Hast du die Seite fertig bearbeitet? Dann darfst du dir hinten einen Stern auf die Nummer 98 kleben.

Drei Dinge benötigst du, um eine E-Mail
zu empfangen oder zu versenden:

1. einen Internetzugang
2. eine eigene E-Mail-Adresse
3. ein E-Mail-Programm

Ein solches Programm kann auf einem Computer oder auch auf einem Smartphone installiert sein. Es gibt aber auch Web-Mail-Programme. Dafür benötigst du dann nur deinen Internetbrowser. Einige wesentliche Elemente sind in allen E-Mail-Programmen gleich.

Öffne ein Mail-Programm und finde heraus, wie die unten beschriebenen Bestandteile heißen.

1. In diesem Ordner befinden sich alle neuen E-Mails: ______________________
2. In dem Ordner werden alle E-Mails, die man bereits abgeschickt hat, gespeichert: ______________________
3. Hier landen alle gelöschten E-Mails. Sie sind noch nicht endgültig verschwunden und können eine Zeit lang wiederhergestellt werden: ______________________
4. Während man eine E-Mail schreibt, sie also entwirft, befindet sie sich in folgendem Ordner: ______________________

Mit der Zeit sammeln sich in deinem Posteingangsordner ganz schön viele E-Mails an. Du kannst deine Mails unterschiedlich ordnen.

Öffne ein Mail-Programm und finde mindestens vier Merkmale, nach denen du deine Mails sortieren kannst.

____

____

____

____

Hast du die Seite fertig bearbeitet? Dann darfst du dir hinten einen Stern auf die Nummer 72 kleben.

Hier wurde eine E-Mail geschrieben, aber noch nicht abgeschickt.
Finde heraus, wozu die einzelnen Felder da sind.

Welche Nummer gehört in welches Kästchen? Trage ein.

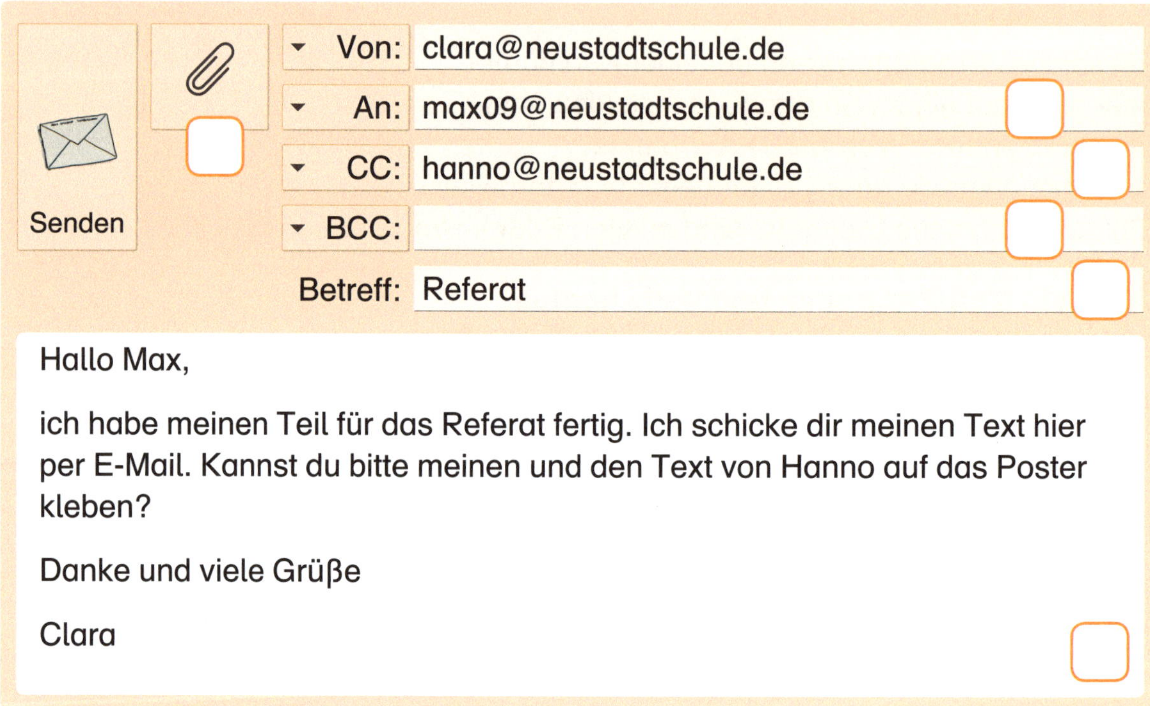

1 In das Betreff-Feld schreibst du als Überschrift in kurzen, treffenden Stichworten, worum es in der E-Mail geht.

2 Wenn du jemandem eine Datei schicken möchtest, zum Beispiel ein Bild, dann klickst du auf die Büroklammer.

3 Die E-Mail soll auch an Hanno gehen, damit er weiß, dass die Absenderin ihren Referatteil auch fertig hat. In das CC-Feld können alle weiteren Empfänger eingetragen werden.

4 In dieses Feld schreibt man seinen Text.

5 Die E-Mail geht an Max. Seine E-Mail-Adresse kommt in das Empfänger-Feld.

6 Auch Charlotte soll die E-Mail erhalten. Wenn die anderen Empfänger das nicht wissen sollen, könnte man Charlottes E-Mail-Adresse in das BCC-Feld eintragen. Dann können andere Empfänger nicht sehen, wer die Mail noch erhält.

Hast du die Seite fertig bearbeitet? Dann darfst du dir hinten einen Stern auf die Nummer 125 kleben.

Lösungen
Forscher-Stars 3/4 – Medien

(zum Heraustrennen die mittlere Klammer lösen)

Inhalt

Was sind Medien?

Medien übermitteln Nachrichten oder Ideen, aber auch Gefühle, Fragen oder Vermutungen. Das Wort „Medium“ kommt aus der lateinischen Sprache und bedeutet „die Mitte“.

Das Medium, das wir am häufigsten nutzen, ist die Sprache. Mit ihr vermitteln wir Menschen, was wir denken oder fühlen.
Es geht aber auch ohne Worte. Gerade gehörlose Menschen sind auf Gesten, Zeichensprache und Mimik angewiesen, um sich anderen mitzuteilen.
Aber auch Bücher, Zeitschriften und Briefe sind Medien. Mit ihrer Hilfe kann man etwas mitteilen, auch wenn man kein direktes Gegenüber hat.

Sicherlich hast du den Begriff „neue Medien“ oder „digitale Medien“ schon einmal gehört. Darunter versteht man meist die Geräte, die sich erst in den 1990er-Jahren verbreitet haben.

Welche der unten abgebildeten Medien zählen zu den sogenannten „neuen Medien“, die es noch nicht so lange gibt? Kreuze an.

Was sind Massenmedien?

Massenmedien sind Medien, die sich an sehr viele Leute richten, also an Massen von Menschen.
Das erste Massenmedium war das **Buch**. Es wurde allerdings erst zu einem Massenmedium, als Johannes Gutenberg 1440 den Buchdruck erfunden hat. Von da an verbreiteten sich Informationen sehr viel schneller als zuvor. Bis dahin wurden Bücher mühsam mit der Hand geschrieben. Das Abschreiben dauerte sehr lange und darum waren Bücher etwas Seltenes und Kostbares. Erst 200 Jahre später, im Jahr 1650 erschien die erste **Tageszeitung** in Leipzig. Informationen verbreiteten sich nun immer schneller.

Der nächste Schritt in der Beschleunigung von Informationen erfolgte 1893. Nikola Tesla gelang es, Radiowellen über eine Strecke von 190 Metern zu schicken. Damit war ein wichtiger Grundstein für die Verbreitung des **Radios** gelegt.

Ungefähr zur gleichen Zeit kamen auch einige Erfinder auf die Idee, Bilder über große Strecken zu übertragen. Zum Massenmedium wurde das **Fernsehen** aber erst ab 1950, als sich immer mehr Menschen einen Fernsehapparat leisten konnten.

Den ersten **Computer** baute Konrad Zuse um 1940. Ab 1990 verbreitete sich die Nutzung des **Internet**. Damit wurden dann auch Anwendungen wie E-Mail oder soziale Netzwerke eingeführt.

Die Massenmedien haben sich über einen langen Zeitraum weiterentwickelt.

Ordne die oben genannten sechs Erfindungen ungefähr in den Zeitstrahl ein.

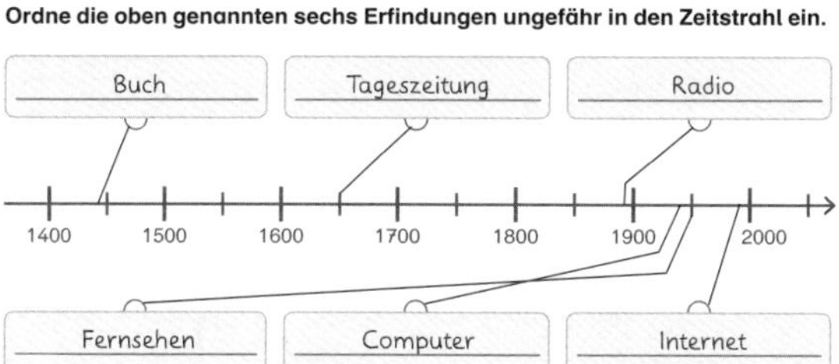

Welche Medien benutzt du?

Die Medien sind aus unserem Alltag nicht mehr wegzudenken.
Welche Medien nutzt du und wie viel Zeit verbringst du damit?

Schreibe einen Tag lang auf, welche Medien du wie lange nutzt.
Übertrage die Ergebnisse in das Diagramm.

Medium	Nutzungsdauer
Buch	______ Minuten
Schulbuch	______ Minuten
Radio	______ Minuten
Fernsehen	______ Minuten
Telefon	______ Minuten
Computer	______ Minuten
Handy	______ Minuten
Summe	______ Minuten

individuelle Lösung

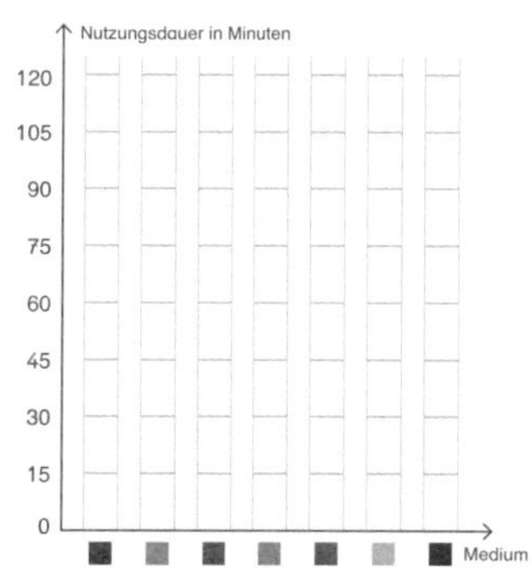

Sicherlich hast du mit deinen Eltern schon einmal diskutiert, wie oft und wie lange du am Tag fernsehen darfst. Wer zu viel Zeit vor dem Fernseher oder am Computer verbringt, hat weniger Zeit zum Spielen, um Freunde zu treffen oder für Schularbeiten.
Ärzte raten: Die tägliche Nutzungszeit von Medien sollte sich nach dem Alter richten, für jedes Lebensjahr darf man 10 Minuten Medienzeit rechnen.
Wie lange darfst du dann am Tag fernsehen, den Computer nutzen, CD hören, ...?

Wie lädst du deine Freundinnen und Freunde zu deiner Geburtstagsfeier ein? Rufst du sie an, schreibst du Einladungskarten oder eine E-Mail? Da Menschen das Bedürfnis haben sich mitzuteilen, haben sie Mittel und Wege – also Medien – gesucht, um sich auch über weite Strecken auszutauschen. Das ist Simon. Begleite ihn auf einer Zeitreise und schau dir an, wie eine Geburtstagseinladung zu unterschiedlichen Zeiten verschickt worden wäre.

Steinzeit

Schon in der Steinzeit, also vor mehr als 10 000 Jahren, sollen sich Menschen über größere Entfernungen mit Rauchzeichen verständigt haben. Eine Einladung zum Geburtstag wäre damals also so verschickt worden, wie du es im Bild rechts siehst.

Antike

In der Antike hatten sich schon die ersten Schriftzeichen entwickelt. Die Römer beispielsweise ritzten ihre Nachrichten in Steinplatten, Tontafeln oder Wachsplatten. Deine Einladung wäre damals ziemlich schwer gewesen oder hätte leicht zerbrechen oder schmelzen können.

Mittelalter

Viele tausend Jahre später, im Mittelalter, gab es zwar schon Papier, aber nur sehr wenige Menschen konnten lesen oder schreiben, z. B. Adlige oder Mönche. Für deine Einladung hättest du die Hilfe eines Schreibers benötigt. Schreiber gab es aber auch nur wenige und ihre Dienste waren teuer. Die meisten Menschen konnten sich also nicht über Briefe austauschen. Stattdessen hat man sich bei fahrenden Händlern informiert. Du hättest also einen Händler bitten müssen, die Einladung weiterzugeben, wenn er ins nächste Dorf kommt.

16. Jahrhundert

Im 16. Jahrhundert gab es schon Poststationen, zwischen denen die Post mit Kurieren und Kutschen transportiert wurde. Es konnten auch immer mehr Menschen lesen und schreiben. Du hättest deine Einladung also schon mit einem Federkiel und Tinte auf Papier schreiben können.

19. Jahrhundert

Ab der Mitte des 19. Jahrhunderts konnte man Nachrichten dann schon viel schneller mithilfe eines neuen Mediums übermitteln: der Telegrafie. Man ging in ein Telegrafenamt. Dort wurde die Nachricht in Morsezeichen übersetzt und zu einem anderen Telegrafenamt gesendet. Ein Telegramm war aber sehr teuer. Nur wenige Jahre später wurde das Telefon erfunden. Nun konnte man jemanden anrufen und zum Geburtstag einladen.

A •–	B –•••	C –•–•	D –••	E •	F ••–•	G ––•
H ••••	I ••	J •–––	K –•–	L •–••	M ––	N –•
O –––	P •––•	Q ––•–	R •–•	S •••	T –	U ••–
V •••–	W •––	X –••–	Y –•––	Z ––••		

Welches Wort steht hier?

• •• •–•• •– –•• ••– –• ––• EINLADUNG

21. Jahrhundert

Heute besitzt jede Familie mehrere (mobile und Festnetz-) Telefone. Damit sind wir wieder in der Gegenwart angekommen. Heute hast du Wahl zwischen unterschiedlichen Formen der Geburtstagseinladung.

Wie verschickst du deine Geburtstagseinladungen?

individuelle Lösung

1. Von den amerikanischen Ureinwohnern, den Indianern, weiß man, dass sie sich früher über weite Entfernungen mit Rauchzeichen verständigt haben. Wann begannen die Menschen wahrscheinlich, mithilfe von Rauch Botschaften zu übermitteln?

   Vor mehr als 10 000 Jahren

2. Welche Nachteile hatten die Medien, die die Römer in der Antike genutzt haben?

   – sehr schwer
   – leicht zerbrechlich
   – können schmelzen

3. Aus welchen Zeichen setzt sich das Morsealphabet zusammen?

   Aus Punkten und Strichen (bzw. aus kurzen und langen Tönen)

4. Wann nutzte man welche Medien? Entscheide.

   a) Wahrscheinlich wurde in der Steinzeit mithilfe dieses Mediums über größere Entfernungen kommuniziert: Rauchzeichen.

   b) Ohne ihre Hilfe konnte man im Mittelalter keine Nachrichten übermitteln.
   Schreiber und Händler.

   c) Im 16. Jahrhundert wurde die Post zwischen Poststationen durch
   Kuriere und Kutschen befördert.

   d) Im 19. Jahrhundert wurde die Kommunikation über weite Entfernungen durch zwei Erfindungen stark beschleunigt. Um welche Erfindungen handelt es sich?
   Telegrafie und Telefon.

5. Welche Erfindung des 19. Jahrhunderts besitzt heute jede Familie?

   Telefon

Jeden Tag benutzen wir mehrere unterschiedliche Medien. Mit einigen Medien kommunizieren wir hauptsächlich, manche helfen uns dabei, Informationen zu finden und andere nutzen wir zur Unterhaltung und zum Spaß.

Welches Medium wird wozu genutzt? Kreuze an. Man kann auch mehrere Kreuze setzen.

Medium	Kommunikation	Information	Unterhaltung
Buch	☐	☒	☒
Zeitschrift	☐	☒	☒
CD	☐	☐	☒
Fernseher	☐	☒	☒
Computer	☒	☒	☒
Handy	☒	☒	☒
Spielekonsole	☐	☐	☒
Radio	☐	☒	☒

Jedes Medium hat Vor- und Nachteile. Beim Fernsehen z. B. ist der Vorteil, dass man immer eine spannende Sendung findet, wenn einem langweilig ist. Nachteilig ist aber, dass man oft lange davor sitzt und sich in dieser Zeit z. B. nicht bewegt oder womöglich sogar seine Freunde und Freundinnen vernachlässigt.

Suche dir zwei Medien aus der Tabelle aus und schreibe ihre Vor- und Nachteile auf. Besprich deine Ergebnisse mit einem Erwachsenen oder einem Partnerkind.

Beispiellösung

Medium 1: Computer

Vorteil	Nachteil
– Hausaufgaben machen	– zu viel Zeit damit verbringen
– Informationen suchen	– zu viel im Internet surfen
– schriftlicher Kontakt zu Freunden	– zu viel Spiele spielen

Medium 2:

Vorteil	Nachteil

Es gibt eine ganze Reihe verschiedener digitaler Medien. Behältst du den Überblick?

Ordne den Beschreibungen den Namen des Geräts und die passende Abbildung zu.

- E-Reader
- Tablet
- PC (Personal Computer)
- Smartwatch
- Smartphone
- Notebook oder Laptop

So nennt man einen kleinen, flachen und tragbaren Computer mit Touchscreen. Die Tastatur hat keine richtigen Tasten, sondern erscheint auf dem Bildschirm. Übersetzt heißt das Gerät Tablett, weil es so flach ist.

Mit dem Gerät kann man nicht nur telefonieren, sondern auch ins Internet gehen, fotografieren oder Spiele spielen. Übersetzt heißt das Gerät „schlaues Telefon".

Auf Deutsch würde man das Gerät als elektronisches Buch bezeichnen. Dabei kann man darauf ganz viele elektronische Bücher speichern. Man kann damit sogar im Dunkeln lesen.

Dieses Gerät hat auch eine Tastatur mit richtigen Tasten. Man kann es aber auch zusammenklappen und dann gut auf Reisen mitnehmen. Übersetzt heißt es „Notizbuch".

Dieses Gerät heißt übersetzt „privater Rechner". Das Gerät gibt es von allen hier gesuchten Geräten schon am längsten.

Übersetzt heißt dieses Gerät „schlaue Uhr". Es zeigt nicht nur die Zeit an, es kann auch mit dem Smartphone verbunden werden und Nachrichten oder den Wetterbericht anzeigen. Manche dieser Geräte zählen auch, wie viele Schritte du am Tag machst.

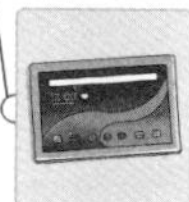

Ob Computer, Notebook, Tablet oder Smartphone: Diese digitalen Medien bestehen aus gleichen Bauteilen. Diese Bauteile nennt man „Hardware". Das ist Englisch und bedeutet so viel wie „harte Dinge". Damit sind alle Teile am Computer gemeint, die man anfassen kann.

N	E	T	Z	K	A	B	E	L	A	B	C	D	E	F
G	H	A	I	J	K	L	M	A	N	O	P	Q	R	S
T	U	S	V	W	X	Y	Z	U	A	B	C	D	E	F
G	H	T	I	J	F	E	S	T	P	L	A	T	T	E
K	K	A	M	E	R	A	L	S	M	N	O	P	Q	R
S	T	T	U	V	W	X	Y	P	Z	A	B	C	D	E
F	G	U	H	I	J	K	L	R	M	N	O	P	Q	R
S	T	R	U	V	W	X	Y	E	Z	A	B	C	D	E
F	G	H	I	J	K	L	M	C	N	O	P	Q	R	S
T	U	B	I	L	D	S	C	H	I	R	M	V	W	X
Y	Z	A	B	C	D	E	F	E	G	H	I	J	K	L
P	R	O	Z	E	S	S	O	R	M	N	O	P	Q	R

Suche die wichtigsten Bauteile im Suchsel und schreibe sie zu der passenden Beschreibung.

Diese Begriffe werden gesucht: Lautsprecher, Kamera, Prozessor, Bildschirm, Netzkabel, Festplatte, Tastatur.

Dieses Bauteil ist das Gehirn des Computers. Er steuert alle anderen Bauteile. Prozessor

Darauf werden alle Daten gespeichert. Die Daten bleiben dort, auch wenn der Computer aus ist. Festplatte

Mit dem Gerät gibst du Daten in den Computer ein. Tastatur

Diese Bauteile benötigst du, damit du die Töne hören kannst, die der Computer erzeugt. Lautsprecher

Darauf siehst du die Dateien, an denen du arbeitest oder die Internetseiten, auf denen du dich befindest. Bildschirm

Hiermit schließt du den Computer an eine Stromquelle an. Netzkabel

Dieses Gerät benötigst du, wenn du Bilder machen oder ein Videotelefonat über das Internet führen möchtest. Kamera

Ein Computer ist eine Maschine, die Daten berechnet bzw. verarbeitet. Das Wort Computer kommt aus dem Englischen und bedeutet eigentlich „Rechner". Jeder Computer besteht aus mehreren Bauteilen. Diese Bauteile nennt man auch „Hardware". Mit Eingabegeräten wie der Tastatur oder der Maus füttert man Computer mit Daten.

Wozu werden die Tasten auf der Tastatur benutzt?
Ordne zu, indem du die Nummern aus der Tabelle in die Kästchen einträgst.
Du kannst auch ein Schreibprogramm auf dem Computer öffnen und die Tasten ausprobieren.

	Deutsche Bezeichnung	Englische Bezeichnung	Erklärung
1	Leertaste	Spacetaste	Mit dieser Taste kannst du einzelne Wörter beim Schreiben trennen.
2	Eingabetaste	Entertaste	Wenn du diese Taste drückst, springt der Cursor in die nächste Zeile.
3	Hochstelltaste Umschalttaste	Shifttaste	Diese Taste musst du drücken, wenn du einen Buchstaben groß oder die Sonderzeichen über den Zahlen schreiben willst.
4	Rücktaste	Backspacetaste	Wenn du dich vertippt hast, kannst du hiermit Buchstaben wieder löschen.
5	Tabulatortaste	Tabtaste	Wenn du diese Taste drückst, dann springt der Cursor ein größeres Stück als bei der Spacetaste.
6	AltGr-Taste (alternativer Graph)		Diese Taste muss du drücken, wenn du das „@" oder das „€"-Zeichen tippen möchtest.

Auf den Tastaturen fehlen Buchstaben.

Finde heraus, welche es sind und trage sie in die Tastatur ein.
Welches Wort kann man aus den Buchstaben bilden?

Lösungswort: B A U M

Lösungswort: A N G S T

Lösungswort: O S T E R N

Lösungswort: F R O S C H

Von den Computern zu Hause, bei Freunden und in der Schule weißt du, dass die Geräte zwar unterschiedlich aussehen, aber doch bestimmte Teile immer gemeinsam haben. Jeder Computer besteht zunächst einmal aus der „Hardware“ (siehe Seite 11).

Der Computer funktioniert aber nur, wenn auf ihm auch Software läuft. Das bedeutet übersetzt „weiche Dinge“. Die Software kann man nicht sehen oder anfassen.

Das ist so ähnlich wie bei uns Menschen. Der Körper, also die Haut, die Knochen und die Muskeln, sind unsere Hardware. Damit der Körper funktioniert, benötigt man das Gehirn, das den Körper steuert. Man sieht aber nicht, wie das Gehirn das macht.

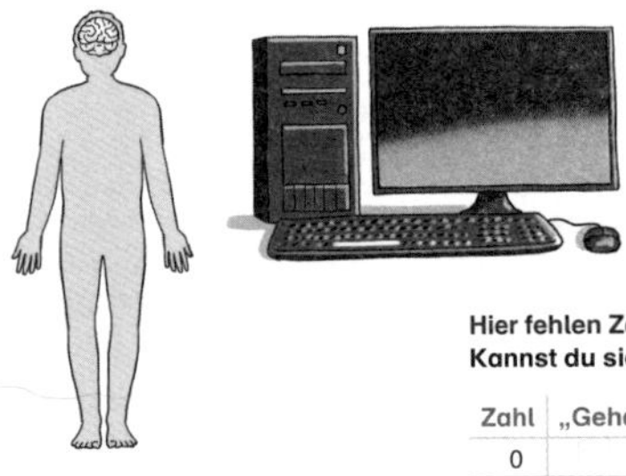

Der Computer hat eine „Geheimsprache“, die nur aus Nullen und Einsen besteht. Die Software auf dem Computer kann man sich wie eine lange Kette aus 0 und 1 vorstellen. Dabei steht die 0 im Computer für „Strom aus“ und die 1 für „Strom an“. Das ist so, als wenn du einen Lichtschalter betätigst.
Mit dieser Geheimsprache kann man zum Beispiel jede beliebige Zahl darstellen, wie in der Tabelle rechts.

So setzen sich nicht nur die Zahlen, sondern alles, was du auf dem Computerbildschirm sehen kannst, im Hintergrund aus Nullen und Einsen zusammen.

Hier fehlen Zahlen. Kannst du sie ergänzen?

Zahl	„Geheimsprache“
0	0
1	1
2	1 0
3	1 1
4	1 0 0
5	1 0 1
6	1 1 0
7	1 1 1
8	1 0 0 0
9	1 0 0 1
10	1 0 1 0
11	1 0 1 1

Finde Pauls Weg zu seinem Freund.
Die Sternschnuppen zeigen dir die Richtung.

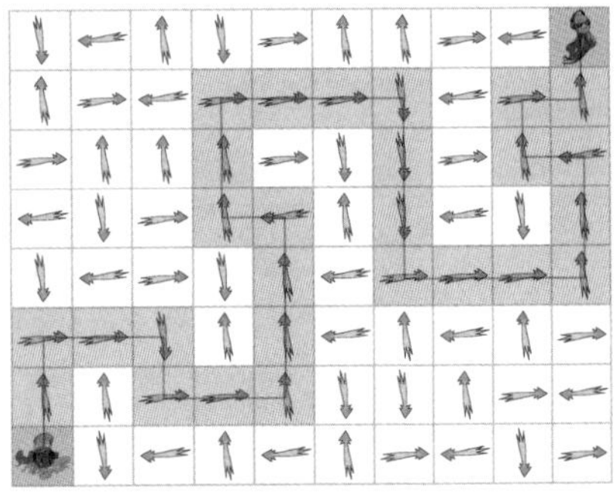

Im Computerprogramm werden alle Informationen mit den Zahlen 0 und 1 dargestellt.

Wenn du die bunten Sterne im Raster durch Zahlen ersetzt und abwechselnd der 0 und der 1 folgst, findest du Pauls Weg zur Muschel.

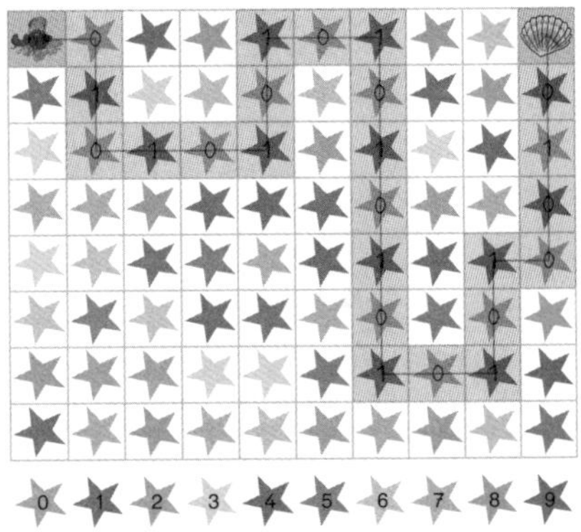

Im Dateimanager findet und ordnet man alle Daten, die man auf einem Computer sammelt.
Sucht man im Computer eine bestimmte Datei, so kann man ein Suchwort in die „Suchen“-Leiste eingeben. Mit der Zeit sammeln sich jede Menge unterschiedlicher Dateien auf einem Computer an. Damit man schneller etwas wiederfindet, kann man die Daten in Ordnern sortieren. Das kannst du mit deinen Arbeitsblättern in der Schule vergleichen. Die Arbeitsblätter legst du auch nicht einfach lose in deinen Ranzen, sondern du sortierst sie nach Fächern in Mappen oder Ordner.

Clara hat verschiedene Dateien auf ihrem Computer und möchte sie ordnen, damit sie sie später leichter wiederfindet.

Hilf ihr beim Sortieren.

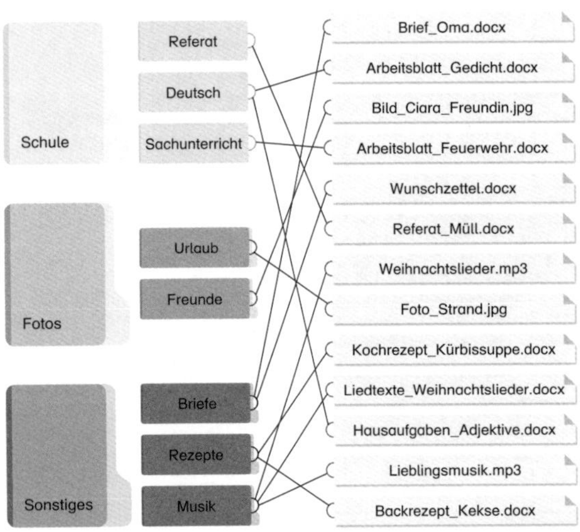

Das Wort Browser kommt aus dem Englischen und bedeutet übersetzt so viel wie „suchen“, „stöbern“ oder „umsehen“. Ein Webbrowser ist ein spezielles Programm, mit dem man sich im Internet auf Internetseiten „umsehen“ kann. Man sagt auch „surfen“ dazu. Es gibt viele verschiedene Webbrowser. Aber viele Bestandteile haben alle gemeinsam.

Ordne zu.

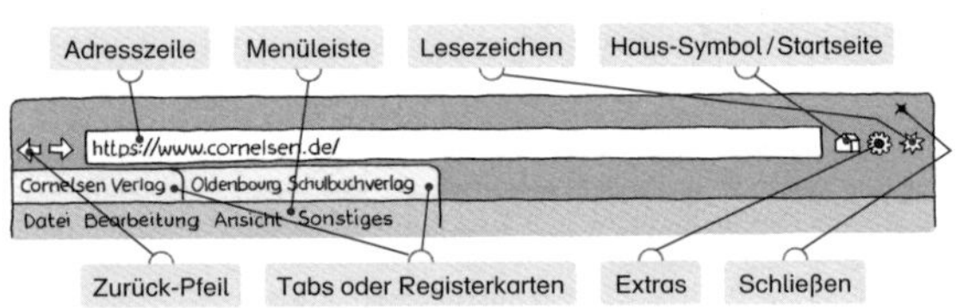

Finde heraus, wie ein Webbrowser funktioniert.

Fülle dazu den Lückentext mit den Begriffen von oben aus.

Um eine Internetseite aufzurufen, musst du eine Adresse in die Adresszeile eingeben. Manchmal findet man auch den Begriff „URL“ anstelle von „Adresse“. Das bedeutet aber das Gleiche. Wenn du von einer Internetseite auf die vorherige zurückgehen möchtest, klickst du den Zurück-Pfeil an. Für Seiten, die du immer wieder besuchst, kannst du ein Lesezeichen setzen. So musst du nicht jedes Mal die Adresse neu eingeben. Um zurück auf deine Startseite zu kommen, klickst du das Haus-Symbol / Startseite an. Du kannst selbst bestimmen, welche Seite dann erscheinen soll. Viele Menschen richten als Startseite eine Suchmaschine ein, z. B. Google, Blinde Kuh, fragFinn, … Wenn man mehrere Internetseiten gleichzeitig geöffnet hat, sieht man mehrere Tabs oder Registerkarten. Die Webseiten stehen wie in einem Karteikasten hintereinander. Mit dem Schließen-Symbol kann man die Tabs oder auch den ganzen Browser schließen. Über die Menüleiste und das Zahnradsymbol für Extras kann man verschiedene Bearbeitungsfunktionen ausführen.

Es gibt sehr viele unterschiedliche Internetseiten.
Aber einige Dinge sind auf vielen Internetseiten gleich.

Ordne zu.

Hast du die Seite fertig bearbeitet? Dann darfst du dir hinten einen Stern auf die Nummer 103 kleben.

Hier hast du Platz, deine eigene Klassenhomepage zu gestalten.

Überlege dir, was du auf der Startseite präsentieren möchtest. Vielleicht möchtest du deine Klasse und deine Lehrerinnen und Lehrer vorstellen. Im Menü könnten als Unterpunkte z. B. eine Klassenfahrt oder ein Schulfest aufgeführt werden. Achte darauf, dass folgende Bauteile einer Internetseite enthalten sind:

Kopfzeile | Logo | Suchfeld | Inhaltsbereich | Fußzeile | Impressum | Menü

individuelle Lösung

Hast du die Seite fertig bearbeitet? Dann darfst du dir hinten einen Stern auf die Nummer 167 und 174 kleben.

Hanno möchte ein Referat über den Fuchs halten.
Aber an seiner Schule ist das Internet ausgefallen.

Wie und wo kann sich Hanno informieren? Schreibe auf.

- Lexikon
- Experten befragen
- Sachbücher
- Zeitungen / Zeitschriften
- Fernsehen / Filme
- Museum / Zoo

Hast du die Seite fertig bearbeitet? Dann darfst du dir hinten einen Stern auf die Nummer 173 kleben.

**Welche Medien eignen sich am besten? Wo schaust du zuerst nach?
Kreuze an. Manchmal sind mehrere Antworten möglich.**

Beispiellösung

Fragen	Lexikon	Sachbuch	Zeitung/ Zeitschrift	Fernsehen/ Film	Museum/ Zoo	Experten befragen (Förster/ Tierarzt)
Woher kommt der Name „Fuchs“?	☒	☒	☐	☐	☐	☐
Wie sieht es aus, wenn eine Füchsin Junge bekommt?	☐	☐	☐	☒	☐	☐
Wo gibt es einen Fuchsbau in der Nähe von Hannos Schule?	☐	☐	☐	☐	☐	☒
Wie fühlt sich ein Fuchsfell an?	☐	☐	☐	☐	☒	☐
Gibt es Füchse auf der ganzen Welt?	☐	☒	☐	☐	☐	☐
Welche Fuchsrassen gibt es?	☒	☒	☐	☐	☐	☐
Wie riechen Füchse?	☐	☐	☐	☐	☒	☐
Gibt es Berichte über Füchse in Hannos Nachbarschaft?	☐	☐	☒	☐	☐	☐
Hanno hat gelesen, dass Füchse Tollwut verbreiten. Stimmt das? Was ist Tollwut?	☐	☒	☐	☐	☐	☒
Was fressen Füchse?	☒	☒	☐	☐	☐	☐
Wie sieht eine Fuchsspur aus?	☐	☒	☐	☐	☐	☐
Welche Geräusche machen Füchse?	☐	☐	☐	☒	☒	☐
Wie schnell kann ein Fuchs rennen?	☐	☒	☐	☐	☐	☐
Wie alt kann ein Fuchs werden?	☐	☒	☐	☐	☐	☐
Können Füchse im Dunkeln sehen?	☐	☒	☐	☐	☐	☐

Hast du die Seite fertig bearbeitet? Dann darfst du dir hinten einen Stern auf die Nummer 96 kleben.

Clara möchte von ihrem Vater wissen, welcher der kleinste Knochen im menschlichen Körper ist. „Moment, da schaue ich mal im Internet nach“, antwortet er. Auf seinem Computer geht er ins Internet und öffnet eine Suchmaschine. In der vorgesehenen Zeile für die Suchanfrage gibt er Claras Frage ein. Blitzschnell erscheinen Ergebnisse:

Wer weiß was?

Welcher ist der kleinste Knochen im menschlichen Körper?

Alle | Bilder | mehr

Der Steigbügel – Aufbau und Funktion
www.kinderschlagennach.de/dasohr/steigbügel
Der Steigbügel ist ein Gehörknöchelchen im Ohr. Er ist der kleinste Knochen des Körpers …

Unser Skelett: Gehörknöchelchen
www.dermenschlichekoerper.de/skelett/gehörknöchelchen/steigbügel
Mit gerade mal drei Millimetern ist der Steigbügel der kleinste Knochen des Skeletts. …

Aber wie findet die Suchmaschine im Internet so schnell Antworten?
Man kann sich das in etwa so vorstellen:

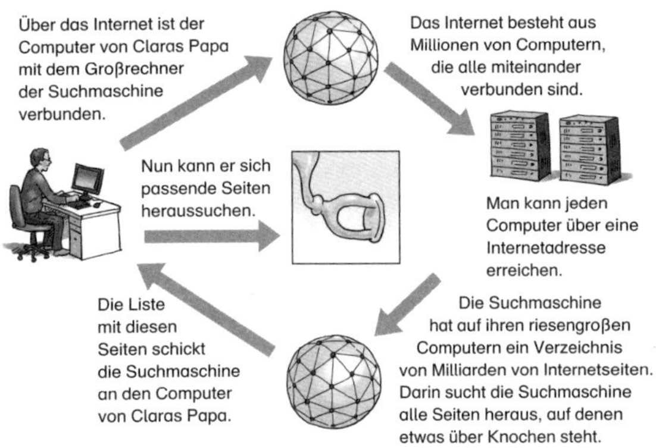

Wenn man eine Suchmaschine für Erwachsene benutzt, bekommt man nicht nur Ergebnisse angezeigt, die zu informativen Seiten führen. Daneben erhält man auch Ergebnisse, die z. B. Werbung oder falsche Informationen enthalten.
Das ist manchmal schwer zu unterscheiden.
Es gibt aber spezielle Suchmaschinen für Kinder. Dort werden nur Ergebnisse angezeigt, die zuvor von Erwachsenen geprüft wurden. Ein paar Beispiele für Kindersuchmaschinen sind fragFinn, Helles Köpfchen, Blinde Kuh, KLexikon, …

Finde Antworten auf die folgenden Fragen, indem du eine der oben genannten Suchmaschinen nutzt.
Nicht mit jeder Suchmaschine findest du Antworten auf jede Frage.
Vielleicht musst du mehrere ausprobieren.

Wie viele Knochen hat der Mensch?

ungefähr 206 Knochen (Erwachsene)

Wie viel Liter Milch gibt eine Kuh ungefähr pro Tag?

ungefähr 50 Liter pro Tag

Wie alt wurde der älteste Mensch?

wahrscheinlich mindestens 122 Jahre (Stand 2019)

Welches ist das schnellste Tier der Erde?

Wanderfalke

Welcher ist der kleinste Vogel auf der Welt?

Hummelkolibri

Welches ist das größte Organ des Körpers?

Haut

Wie heißt die größte Stadt der Welt?

Tokio

Mit Suchmaschinen kann man nach Antworten auf ganz bestimmte Fragen suchen. Man kann sich aber auch allgemein zu einem Thema informieren. Grundsätzlich ist es wichtig, dass man die richtigen Begriffe eingibt. Sonst erhält man vielleicht Informationen, die man gar nicht brauchen kann.

Hanno und Clara möchten etwas über Fußball und die Autorin von Pippi Langstrumpf erfahren. Sie probieren unterschiedliche Suchbegriffe aus. Welche Begriffe sind geeignet und welche nicht?
Probiere aus, indem du die unten aufgeführten Suchbegriffe in einer Kindersuchmaschine eingibst.

Entscheide dann, ob der Begriff ungeeignet ☐, ungenau ☐ oder passend ☐ ist.

Begriff	ungeeignet	ungenau	passend
Pippi Langstrumpf	☐	☒	☐
Kinderbuch	☒	☐	☐
Astrid Lindgren	☐	☐	☒
Annika	☒	☐	☐
Schweden	☒	☐	☐
gepunktetes Pferd	☒	☐	☐
Kleiner Onkel	☐	☒	☐
Villa Kunterbunt	☒	☐	☐
Ballsport	☒	☐	☐
Mannschaft	☐	☒	☐
Schiedsrichter	☐	☒	☐
Fußballvereine in Deutschland	☐	☐	☒
Fußballregeln	☐	☐	☒
Spielregeln	☒	☐	☐
Stadion	☐	☒	☐
Fußball-Bundesliga	☐	☐	☒

Wenn du doch einmal eine Suchmaschine benutzt, die eigentlich für Erwachsene gedacht ist, musst du aufpassen. Viele Ergebnisse sind nicht für Kinder geeignet, darum solltest du einige Regeln beachten.

Verbinde die Regeln, die zusammengehören.

Wegklicken! Unangenehme Seiten solltest du sofort schließen.	Manchmal hilft es, Dinge aufzuschreiben, um damit klarzukommen.
Surfe nur auf geprüften Kinderseiten oder Seiten für Jugendliche.	Zusammen mit anderen kann man unangenehmen Inhalten besser begegnen.
Rede mit Freundinnen oder Freunden über das Erlebnis.	Jugendschutz.net ist eine Stelle, die prüft, ob Inhalte im Netz für Kinder oder Jugendliche gefährlich sind.
Surfe öfter mit anderen.	Manchmal hilft es, über Erlebnisse zu sprechen und sich mit anderen auszutauschen.
Zeige deinen Eltern, was du gesehen hast.	Einige Suchmaschinen bieten Meldeformulare an. Mit diesen Formularen kann man Seiten melden.
Schreibe dein Online-Erlebnis auf, z. B. in einem Tagebuch.	Was man nicht sehen möchte, muss man auch nicht sehen. Jeder kann selbst wählen.

So bewege ich mich sicher im Internet

Welche der folgenden Aussagen zum Internet sind richtig und welche sind falsch?

Kreuze an.

	richtig	falsch
Informationen im Internet sind immer richtig.	☐	☒
Je genauer das Suchwort, desto besser ist auch das Suchergebnis.	☒	☐
Suchmaschinen können denken.	☐	☒
Internetseiten, die dir Angst machen, meldest du oder du sprichst mit deinen Eltern.	☒	☐
Das erste angezeigte Suchergebnis ist immer das Beste.	☐	☒
Mit normalen Suchmaschinen findest du schneller Sachen, die Kinder interessieren, als mit Kindersuchmaschinen.	☐	☒
Je mehr Seiten geöffnet sind, umso unübersichtlicher wird es.	☒	☐
Eine Internetseite zu melden bedeutet, eine Lieblingsseite vorzuschlagen.	☐	☒
Ein Lexikon braucht man heute nicht mehr.	☐	☒
Es reicht, wenn ich mit einer einzigen Suchmaschine arbeite. Mehr brauche ich nicht.	☐	☒
Suchbegriffe, die ich eingegeben habe, werden gespeichert. So wissen die Betreiber der Suchmaschine, welche Themen mich interessieren.	☒	☐

Tausche dich mit einem Erwachsenen oder einem Partnerkind aus.

Was sind Links?

Das Wort „Link“ kommt aus dem Englischen und bedeutet „Verbindung“. Man verbindet mit einem Link z. B. zwei Internetseiten miteinander. Ein Link kann z. B. von einem geschriebenen Wort oder einem Bild ausgehen. Wenn der Link angeklickt wird, öffnet sich eine andere Webseite. Links sind meist besonders gekennzeichnet. Manchmal haben sie eine andere Farbe und sind unterstrichen.

Clara liest sich im Internet einen Text über Pferde durch, in dem einige Wörter verlinkt sind. (Die unten aufgeführten Webseiten gibt es nicht wirklich.)

Welcher Link könnte zu welcher (erfundenen) Webseite führen? Verbinde.

http://www.wissenswertesueberpferde.de/

Das *Pferd* ist ein *Säugetier*. Es ist eng verwandt mit dem *Esel* und dem *Zebra*. Die Ernährung des Pferdes besteht hauptsächlich aus Gras. Echte Wildpferde sind mittlerweile sehr selten. Man begegnet Pferden normalerweise beim Sport oder im Urlaub, z. B. auf dem *Ponyhof*. Pferde haben ein kurzes, dichtes Fell, am Hals eine Mähne und einen langen Schweif. Die Füße eines Pferdes enden in einem *Huf*, der aus einer harten Hornhaut, ähnlich den menschlichen Fuß- oder Fingernägeln besteht.

Kommunikation: E-Mail & Co

Briefe werden bei uns mit der Post befördert. Die Post gibt es schon seit vielen hundert Jahren. Früher wurden Briefe mit Kutschen oder zu Pferd von Ort zu Ort gebracht. Heute geschieht das mit Autos, Lastwagen, Schiffen, Zügen oder sogar Flugzeugen. Meist ist ein Brief so schon am nächsten Tag beim Empfänger.

Noch schneller geht es heute mit der elektronischen Post. Ins Englische übersetzt heißt elektronische Post „electronic mail“, abgekürzt „E-Mail“. Dabei werden Briefe nicht mehr auf Papier, sondern auf dem Computer geschrieben. Man wirft sie auch nicht in einen Briefkasten, sondern verschickt sie mit einem Klick über das Internet. Die erste E-Mail schickte der amerikanische Forscher Ray Tomlinson 1971 an einen Kollegen in das Nachbarbüro. Sein Computer war mit den anderen Computern noch über Kabel verbunden.

Zeichne den Weg des Kabels von Ray Tomlinson zu seinem Kollegen ein.

Wenn du jemandem einen Brief schreiben möchtest, benötigst du die Adresse. Auch für E-Mails benötigt man eine Adresse. Jede E-Mail-Adresse hat in der Mitte das @-Zeichen, das „ätt“ ausgesprochen wird. Manche nennen das Zeichen auch Klammeraffe, denn der Bogen sieht ein wenig aus wie der Schwanz eines Klammeraffen.

Eine E-Mail kannst du auch an mehrere Personen gleichzeitig schicken. Außerdem kann man an eine Mail z. B. Bilder, Videos und andere Dateien anhängen.

Vorteile einer E-Mail

Hast du den Text auf Seite 28 aufmerksam gelesen?
Dann trage die richtigen Antworten in die Lücken ein.

wenige Sekunden | E-Mail-Adresse | Zugang zum Internet | „ätt“ | am nächsten Tag | Computer | elektronischer Brief | 1971

Ein Brief wird dem Empfänger meist *am nächsten Tag* zugestellt. Eine E-Mail braucht bis zum Empfänger *wenige Sekunden*. „E-Mail“ ist ein englisches Wort und bedeutet auf Deutsch *elektronischer Brief*. Um eine E-Mail zu schreiben braucht man einen *Computer* und einen *Zugang zum Internet*. Die erste E-Mail wurde *1971* verschickt. Für das Versenden einer E-Mail braucht man eine *E-Mail-Adresse*. Das Zeichen @ wird so ausgesprochen: *„ätt“*.

Übe hier, das @ zu schreiben.

Auf der Tastatur kann man das @-Zeichen schreiben, indem man AltGr und Q oder AltGr und L gleichzeitig drückt.

@ @ @ @ @ @ @ @ @
@ @ @ @ @ @ @ @ @
@ @ @ @ @ @ @ @ @

Wie ist eine E-Mail-Adresse aufgebaut?

Clara geht auf die Neustadtschule. Sie wünscht sich ihre erste eigene E-Mail-Adresse. Mit Unterstützung ihrer Lehrerin richtet sie sich eine E-Mail-Adresse ein. Die Adresse besteht aus folgenden Teilen:

Das @ steht für „at" und bedeutet „bei".	@
Diese Abkürzung steht für Deutschland. Man erkennt daran, dass der Absender aus Deutschland kommt. „.ch" z. B. steht für die Schweiz, „.at" für Österreich.	.de
Der zweite Teil gehört zum Server, das ist der Ort, an dem die E-Mail ankommt und abgeholt wird.	neustadtschule
Dieser Teil steht in der Regel für die individuelle Person, der die E-Mail-Adresse gehört. An dieser Stelle ist es oft üblich, anstelle seines richtigen Namens einen Spitznamen oder ein ganz anderes Wort einzusetzen. Die Umlaute „ä", „ü", „ö" müssen so geschrieben werden: „ae", „ue", „oe".	clara

Schreibe die vier Teile in richtiger Reihenfolge:

@ .de neustadtschule clara

clara@neustadtschule.de

Eine E-Mail-Adresse muss aus diesen vier Teilen bestehen. Auch die Reihenfolge ist wichtig. Beim Einrichten ihrer Mailadressen haben einige Kinder Fehler gemacht.

Kreuze an, welche Mailadressen nicht funktionieren können und korrigiere sie.

- ☐ Hanno2012@neustadtschule.de
- ☐ Önder@neustadtschule.de
- ☒ www.theresa-neustadtschule.de theresa@neustadtschule.de
- ☒ neustadtschule.de@Ferdi ferdi@neustadtschule.de
- ☒ Max@neustadtschule max@neustadtschule.de

Eine E-Mail schreiben und verschicken

Drei Dinge benötigst du, um eine E-Mail zu empfangen oder zu versenden:

1. einen Internetzugang
2. eine eigene E-Mail-Adresse
3. ein E-Mail-Programm

Ein solches Programm kann auf einem Computer oder auch auf einem Smartphone installiert sein.
Es gibt aber auch Web-Mail-Programme.
Dafür benötigst du dann nur deinen Internetbrowser.
Einige wesentliche Elemente sind in allen E-Mail-Programmen gleich.

Öffne ein Mail-Programm und finde heraus, wie die unten beschriebenen Bestandteile heißen.

1. In diesem Ordner befinden sich alle neuen E-Mails: Posteingang
2. In dem Ordner werden alle E-Mails, die man bereits abgeschickt hat, gespeichert: Gesendet
3. Hier landen alle gelöschten E-Mails. Sie sind noch nicht endgültig verschwunden und können eine Zeit lang wiederhergestellt werden: Papierkorb / Gelöscht
4. Während man eine E-Mail schreibt, sie also entwirft, befindet sie sich in folgendem Ordner: Entwürfe

Mit der Zeit sammeln sich in deinem Posteingangsordner ganz schön viele E-Mails an. Du kannst deine Mails unterschiedlich ordnen.

Öffne ein Mail-Programm und finde mindestens vier Merkmale, nach denen du deine Mails sortieren kannst.

- Datum
- Betreff
- Absender
- Anlage

Eine E-Mail schreiben

Hier wurde eine E-Mail geschrieben, aber noch nicht abgeschickt.
Finde heraus, wozu die einzelnen Felder da sind.

Welche Nummer gehört in welches Kästchen? Trage ein.

Senden | Büroklammer: 2

Von: clara@neustadtschule.de
An: max09@neustadtschule.de 5
CC: hanno@neustadtschule.de 3
BCC: 6
Betreff: Referat 1

Hallo Max,

ich habe meinen Teil für das Referat fertig. Ich schicke dir meinen Text hier per E-Mail. Kannst du bitte meinen und den Text von Hanno auf das Poster kleben?

Danke und viele Grüße

Clara 4

1 In das Betreff-Feld schreibst du als Überschrift in kurzen, treffenden Stichworten, worum es in der E-Mail geht.

2 Wenn du jemandem eine Datei schicken möchtest, zum Beispiel ein Bild, dann klickst du auf die Büroklammer.

3 Die E-Mail soll auch an Hanno gehen, damit er weiß, dass die Absenderin ihren Referatteil auch fertig hat. In das CC-Feld können alle weiteren Empfänger eingetragen werden.

4 In dieses Feld schreibt man seinen Text.

5 Die E-Mail geht an Max. Seine E-Mail-Adresse kommt in das Empfänger-Feld.

6 Auch Charlotte soll die E-Mail erhalten. Wenn die anderen Empfänger das nicht wissen sollen, könnte man Charlottes E-Mail-Adresse in das BCC-Feld eintragen. Dann können andere Empfänger nicht sehen, wer die Mail noch erhält.

Eine E-Mail empfangen

Eine E-Mail-Adresse benötigst du, wenn du einem anderen Kind etwas schreiben, dich auf einer Kinderseite oder für einen Kinder-Chat anmelden möchtest.
Doch bevor du deine erste Mail schreibst, solltest du dich mit den folgenden Regeln vertraut machen:

1. Deine Mail-Adresse sollte keine Rückschlüsse auf dich zulassen. Am besten wählst du einen schönen Fantasiebegriff, z. B. **tiger@mail4kidz.de**.
2. Gib deine Mailadrasse nur an gute Freunde und Freundinnen weiter.
3. Wenn du eine E-Mail von einem unbekannten Absender bekommst, dann lösche sie, ohne sie zu öffnen.
4. Öffne keine Anhänge, wenn du nicht weißt, was darin ist. Öffne nur Anhänge von Absendern, die du kennst.

Was ist Spam, ein Trojaner oder ein Virus?
Schreibe zu jeder „Computerkrankheit" den richtigen Namen.
Ordne dann zu, was mit dem Begriff ursprünglich gemeint ist.

Spam
Es handelt sich dabei um Mails, die vor allem unerwünschte Werbung beinhalten. Die Absender solcher Mails blockiert man am besten, damit man sie gar nicht mehr bekommt.

Trojaner
Einen Computer können diese Programme schädigen oder sie spionieren persönliche Daten aus.

Virus
Manchmal wird in einer E-Mail ein Anhang mitgeschickt, der gefährlich sein kann. Wenn man ihn öffnet, wird automatisch ein Programm gestartet, das Schaden anrichtet. Der Computer wird sozusagen mit einer Krankheit angesteckt.

Eigentlich ist das ein englisches Wort, mit dem man auch „Müll" bezeichnet.

Es handelt sich eigentlich um winzige Lebewesen, die in den Körper gelangen und Menschen krank machen können.

Die Bezeichnung geht zurück auf die alten Griechen, die sich im Bauch eines hölzernen Pferdes in eine feindliche Stadt eingeschlichen haben.

Emoticons

Emoticon nennt man eine Zusammenstellung von Schriftzeichen, die wie auf die Seite gelegte Gesichter aussehen. Man setzt diese Emoticons beim Schreiben ein, um Gefühle auszudrücken. So spart man sich Zeit beim Tippen. Das bekannteste Emoticon ist der lächelnde Smiley :-)
Der Begriff Emoticon setzt sich aus den beiden englischen Wörtern emotion für „Gefühl" und icon für „Bild" zusammen.

Für die meisten Emoticons benötigt man nur die folgenden Zeichen:
: - ( ) x D o ; P = [ ] / >

Kombiniere diese Zeichen, um die folgenden Gefühle auszudrücken. Vielleicht findest du auch mehrere Möglichkeiten pro Gefühl?

Beispiellösung

erstaunt sein:	:-o	:o	=o	>:-o
laut lachen:	:-D	=D	;-D	XD
traurig sein:	:-(	:(	=(	:[
misstrauisch sein:	:/	:-/	=/	>:/
sich ärgern:	>:(	x(	:o(	>:[
sich freuen:	:)	:-)	=)	:]
frech sein:	:-P	=P	xP	:oP
etwas nicht so ernst meinen:	;-)	;)	;]	;o)

Welche Figuren könnten sich hinter diesen Emoticons verstecken?

]:-> der Teufel
*<:-) der Weihnachtsmann
8:o) die Micky Maus
[:] der Roboter
<:DX der Clown
P-) der Pirat
C=:-) der Koch

Emoticon-Rätsel

Eine neuere Form der Emoticons kommt aus Japan. Sie sind anders programmiert, sodass man noch mehr Gefühle, aber auch andere Dinge darstellen kann.

So gibt es Emoticons für alle möglichen Gegenstände oder auch Hobbys. Mit den Emoticons kann man Buchstaben oder ganze Wörter durch eine Art Bilderschrift ersetzen. Du kannst es dir ähnlich vorstellen wie bei den ägyptischen Hieroglyphen.

Genauso schwer wie die Hieroglyphen sind manche Kombinationen aus Emoticons zu enträtseln.

Welche Märchen werden durch diese Emoticons dargestellt?

 Rotkäppchen

 Alice im Wunderland

 Frau Holle

 Der Wolf und die sieben Geißlein

 Dornröschen

 Schneewittchen

Abkürzungen

Emoticons setzt man also ein, um beim Schreiben von E-Mails oder Textnachrichten Zeit zu sparen. Es gibt noch andere Formen von Abkürzungen. Diese Abkürzungen sind nicht immer leicht zu verstehen, oft sind sie auch aus dem Englischen übernommen worden.

Weißt du, was CU, LG oder 4U bedeutet?

Trage im Kreuzworträtsel immer die deutsche Bedeutung ein. Sie besteht oft aus mehreren Wörtern. Schreibe SS für ß.

a) CU e) MFG
b) LOL f) HDL
c) LG g) 4U
d) THX

Deutsche Bedeutung	Abkürzung	Erklärung
danke	THX	THX steht für das englische Wort thanks, das heißt auf Deutsch danke.
Für dich	4U	4U steht für die englischen Wörter fo(u)r you, das heißt auf Deutsch vier/für dich (im Englischen klingen die Wörter für vier (four) und für (for) gleich.
Hab dich lieb	HDL	
laut lachen	LOL	LOL steht für die englischen Wörter laughing out loud, das heißt auf Deutsch laut herauslachen.
Liebe Grüße	LG	
Mit freundlichen Grüßen	MFG	
Tschüss	CU	CU steht für die englischen Wörter see you, das heißt auf Deutsch Man sieht sich.

Unterhaltungen im Internet

Kann man sich im Internet noch schneller und unkomplizierter als per Mail unterhalten?

Ja, dafür nutzt du einen Messenger. Mit einem Messenger kann man sich zu zweit oder in einer Gruppe über Textnachrichten unterhalten und der Text kommt nach dem Absenden sofort beim Empfänger an. „Messenger" ist ein englisches Wort und bedeutet Bote. Messenger-Dienste darf man erst ab 16 Jahren benutzen.

Warum das denn?

Weil ein Messenger-Dienst deine Daten an den Anbieter weiterleitet. Außerdem kannst du dir nicht immer sicher sein, dass der Absender einer Nachricht auch der ist, für den er sich ausgibt. Wenn du also einen Messenger nutzt, solltest du das nur mit deinen Eltern zusammen machen.

Ach so, ich verstehe. Und was ist dann ein Chat?

Chats funktionieren so ähnlich wie Messenger. „To chat" kommt auch aus dem Englischen und bedeutet plaudern. Ein Chat ist also ein Gespräch im Internet. Gechattet wird oft am Computer. Wenn du eine Nachricht schreibst, können andere sie sofort lesen und darauf antworten.

Ist chatten auch erst ab 16?

Nein, aber meist weiß man nicht, wer die Chatpartner sind. Es ist also noch unsicherer als bei einem Messenger-Dienst, wer sich hinter der Person verbirgt, mit der du sprichst.

Und wie komme ich in einen Chat?

Meist musst du dich dafür anmelden. Dafür brauchst du dann deine E-Mail-Adresse.

Was für Chats gibt es denn eigentlich?

Du kannst dich z. B. bei Online-Spielen mit deinen Mitspielern unterhalten. Außerdem gibt es auch Video-Chats. Das ist wie telefonieren, aber man kann sich dabei sehen. In jedem Fall solltest du deine Eltern fragen, wenn du einen Chat nutzen möchtest. Und chatte nur mit Personen, die du wirklich kennst.

Hast du den Info-Text auf Seite 37 aufmerksam gelesen?
Dann kannst du sicher die Fragen beantworten und das Kreuzworträtsel lösen.

a Neben E-Mail und Chats gibt es noch weitere Programme, mit denen man sich über das Internet unterhalten kann. Wie nennt man diese Programme?

b Mit einem Messenger kann man sich zu zweit unterhalten oder in einer Gruppe .

c Was bedeutet chatten?

d Aus welcher Sprache kommt „to chat“?

e Was benötigst du, um dich zu einem Chat anmelden zu können?

f Wie nennt man die Chats, bei denen du deine Gesprächspartner auch sehen kannst?

g Wen solltest du fragen, bevor du dich zu einem Chat anmeldest?

h Was wird von Messenger-Diensten an die Anbieter weitergeleitet und ist darum nicht sicher geschützt?

Wie lautet das Lösungswort?

S M A R T P H O N E

Viele Messenger-Dienste sind erst ab 16 Jahren erlaubt.
Auf Seite 37 wurde bereits erläutert, dass es dafür gute Gründe gibt.
Viele Kinder verwenden trotzdem Messenger-Dienste.
Kein Wunder, dass Clara sauer ist, denn ihr Vater will ihr nicht erlauben, einen Messenger zu benutzen. Die beiden diskutieren.

Ordne folgende Gedanken und Aussagen entweder Clara (C) oder ihrem Vater (V) zu:

C – Immer verbietest du mir alles. Andere Eltern sind viel cooler als ihr. Die erlauben ihren Kindern mehr.

Andere Eltern denken vielleicht nicht darüber nach, wie gefährlich das sein kann. – V

Alle haben ein Smartphone. Nur ich nicht. Ich bin dann voll die Außenseiterin. – C

V – Man ist noch lange keine Außenseiterin, nur weil man eine Sache nicht hat, die andere haben.

Ich bin doch kein kleines Kind mehr. Und doof bin ich auch nicht. Nichts traust du mir zu! – C

C – Die unterhalten sich da auch über die Hausaufgaben und ich bekomme dann nichts mit.

Messenger-Dienste sind erst ab 16 Jahren. Und vorher sollte man es auch nicht nutzen. – V

Ich mache mir doch nur Sorgen, dass dir etwas zustößt. Was ist, wenn Fremde dich darüber anschreiben? – V

Über E-Mail, Messenger und Chats kannst du auch Fotos verschicken. Das ist praktisch, weil du so z. B. einem Freund oder einer Freundin die Hausaufgaben schicken kannst. Aber Vorsicht: Fotos, die einmal im Internet gelandet sind, können sich sehr schnell verbreiten.

Hanno schickt seinen drei Freunden ein Bild von sich beim Fußball.
Seine Freunde schicken das Bild jeweils an drei weitere Freunde.
Das geht immer so weiter.

Bei wie vielen Personen findet sich das Foto, nachdem es dreimal weitergeleitet wurde?

Führe die Zeichnung weiter, dann findest du es heraus.

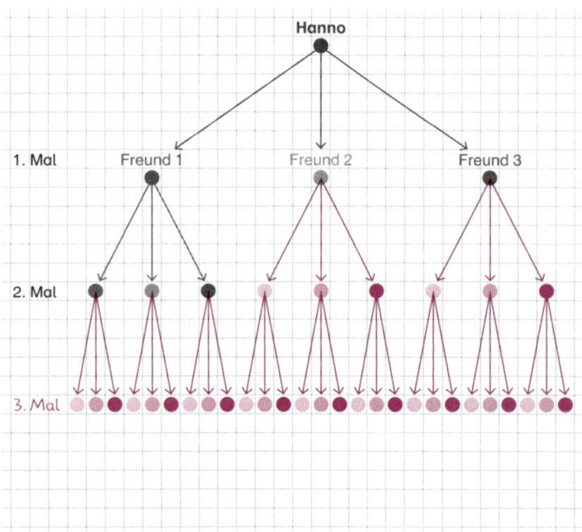

Zum Schluss befindet sich das Bild bei 27 Leuten.

Du hast festgestellt, dass sich Bilder, Videos und Nachrichten sehr schnell im Internet verbreiten können. Wenn man sie einmal losgeschickt hat, kann man sie nicht mehr löschen.
Überlege daher gut, welche Bilder und Videos du verschickst.

Clara hat einige Bilder und Videos in ihrem Album auf dem Handy.

Welche Bilder kann sie an ihre Freundinnen verschicken (☐) und welche lieber nicht (☐)?

Soziale Netzwerke

Ähnlich wie Chats sind die sogenannten sozialen Netzwerke.
Dort treffen sich Menschen nicht wirklich. Sie tauschen dort aber Informationen, Gedanken und Bilder aus.

Man kann angeben, mit welchen Personen man befreundet sein möchte.
Diese Menschen sind alle wie die Knoten eines Netzes. Daher kommt auch der Begriff Netzwerk.

Die grüne Figur ist Clara.
Finde heraus, wer die anderen Personen im Netzwerk sind und trage ihre Namen ein.

- Clara ist mit Hanno, Ferdi, Charlotte, Jenny und Laura befreundet.
- Hanno ist mit Clara und Charlotte befreundet.
- Laura ist mit Clara und Charlotte befreundet.
- Charlotte ist mit Laura, Hanno, Clara, Ferdi und Timo befreundet.
- Ferdi ist mit Clara, Jenny, Charlotte und Timo befreundet.
- Jenny ist mit Clara, Ferdi und Timo befreundet.

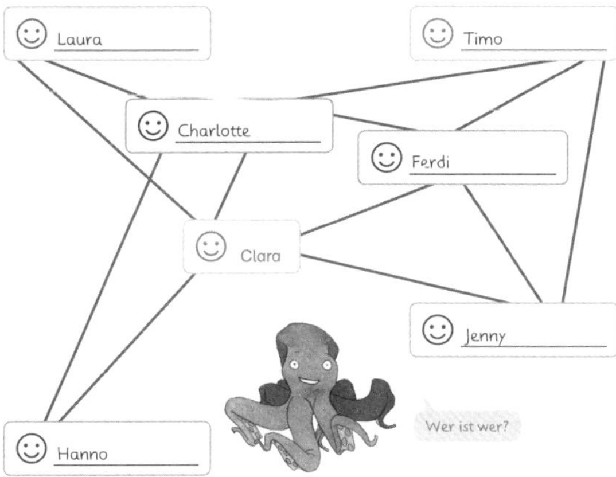

Im sozialen Netzwerk anmelden

Eines der bekanntesten sozialen Netzwerke ist Facebook (sprich: Fäjss-Buck). Wer bei Facebook mitmachen möchte, erstellt dort ein Konto. Von diesem Konto aus schreibt man etwas oder man lädt Bilder hoch. Man kann andere Menschen mit einem Konto „besuchen" und anschreiben. Auf diese Weise kann man sich mit seinen Freundinnen und Freunden schnell und unkompliziert austauschen. Man kann aber auch neue Kontakte knüpfen. Man findet schneller Leute, die zu einem passen, wenn man viele Informationen über sich freigibt.

Soziale Netzwerke haben aber auch Nachteile. Denn diese Webseiten merken sich alles, was ihre Mitglieder machen. Die gesammelten Informationen werden genutzt, um Werbung zu zeigen, die für das Mitglied interessant sein könnte. Manche Informationen über die Nutzer werden auch an andere Firmen verkauft. Man sollte also gut überlegen, welche Daten man in sozialen Netzwerken preisgibt. Hanno möchte sich bei einem sozialen Netzwerk anmelden. Er kann sich nicht entscheiden, welche Angaben er in den einzelnen Feldern machen soll. Angaben mit Sternchen müssen ausgefüllt werden.

Hilf ihm und kreuze an.

Benutzername*	Passwort*	E-Mail-Adresse*
☐ Hanno Müller	☐ 12345	☐ Hanno-Müller@web.de
☒ Nexo Knight 25	☒ P@55w0rt	☒ Tiger25@web.de

Geburtstag	Wohnort	Profilbild
☐ Der genaue Geburtstag	☐ Neustadt	☐ Ein Bild, auf dem man gut zu erkennen ist
☒ Das Jahr belassen, Tag und Monat ändern	☒ Feld frei lassen	☒ Verfremdet oder von hinten

Hobbys	Geschwister	Schule
☐ Fußball und Zeichnen	☐ Tina	☐ Neustadtschule
☒ Feld frei lassen	☒ Feld frei lassen	☒ Feld frei lassen

Texte auf dem Computer schreiben und gestalten

In der Menüleiste in Textverarbeitungsprogrammen werden die Befehle oft mit kleinen Bildchen dargestellt. Öffne ein Textverarbeitungsprogramm und schau nach, ob du die folgenden Gegenstände als vereinfachte Abbildung findest.

Welchen Befehl löst du über welches Symbol aus? Verbinde.

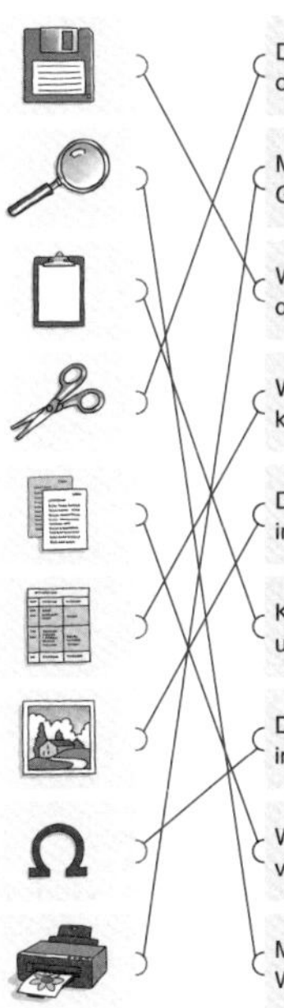

- Damit kannst du Wörter oder Sätze ausschneiden.
- Mit dem Symbol für diesen Gegenstand kannst du drucken.
- Wenn du das Symbol für diesen Gegenstand anklickst, kannst du dein Dokument speichern.
- Wenn du eine Tabelle erstellen möchtest, klickst du auf das Symbol für diesen Gegenstand.
- Damit kannst du ein Bild von deinem Computer in dein Dokument einfügen.
- Klicke auf das Symbol für diesen Gegenstand, um einen kopierten Text einzufügen.
- Damit kannst du besondere Zeichen in deinen Text einfügen.
- Wenn du Wörter oder Sätze kopieren möchtest, dann verwendest du das Symbol für diesen Gegenstand.
- Mit dieser Funktion kannst du nach bestimmten Wörtern in deinem Text suchen.

Mit Textverarbeitungsprogrammen schreibt man Texte nicht nur einfach, man kann sie auch gestalten. Die Gestaltung nennt man Formatieren. Diese Funktionen kannst du dafür nutzen:

Schriftart:
Je nachdem, was für einen Text du schreiben willst, sind manche Schriftarten besser geeignet als andere. Für eine Geburtstagseinladung könnte man z. B. die Schrift Comic Sans MS wählen. Einen Text für die Schule sollte man aber in einer Schrift, die nüchterner wirkt, z. B. Times New Roman oder Arial, schreiben.

Schriftgröße:
Mithilfe dieser Funktion kannst du Wörter oder auch einzelne Buchstaben in unterschiedlichen Größen schreiben. Die Schriftgröße wird in Zahlen angegeben. Große Zahlen machen große Wörter und kleine Zahlen kleine Wörter.

Fett:
Manchmal möchte man Wörter hervorheben, weil sie besonders wichtig sind. Dafür kann man sie mithilfe des Fett-Symbols dick gedruckt darstellen. Die Schriftart und die Schriftgröße ändern sich dabei nicht.

Kursiv:
Auch mit dieser Funktion kannst du wichtige Wörter hervorheben.

<u>Unterstrichen:</u>
Die Funktion „Unterstreichen" nutzt du wie die Funktionen „Fett" und „Kursiv", um bestimmte Wörter hervorzuheben. Besonders geeignet ist die Funktion, um Überschriften zu kennzeichnen.

Schriftfarbe:
Besonders für Geburtstagseinladungen ist es schön, wenn man Wörter oder Sätze bunt gestalten kann. Dafür stehen dir ganz viele Farben zur Verfügung.

Linksbündig: Zentriert: Rechtsbündig:
Diese Funktion nutzt du, wenn Wörter oder Bilder an verschiedenen Positionen stehen sollen. Du kannst entscheiden, ob Wörter links oder rechts stehen sollen. Wenn sie in der Mitte stehen, nennt man das zentriert.

Grafik einfügen:
Deine Geburtstagseinladung kannst du noch ein wenig persönlicher gestalten, wenn du z. B. ein Bild von dir einfügst. Das musst du natürlich vorher als Datei auf deinem Computer haben. Wenn du das Bild dann in das Textdokument eingefügt hast, kannst du es an eine beliebige Stelle schieben und seine Größe verändern.

Probiere das Markieren an einem Text am Computer aus. Dann fällt dir das Zuordnen sicher leicht.

Willst du bei bestimmten Wörtern oder Sätzen die Schriftart oder die Größe ändern, musst du sie vorher markieren. Da gibt es verschiedene Möglichkeiten, damit das möglichst schnell geht.

Welches „Das will ich" passt zu welchen „So mach ich's"?

Das will ich	So mach ich's
einen Textbereich markieren	die STRG-Taste halten und auf eine beliebige Stelle im Satz klicken
ein Wort markieren	auf die Grafik klicken
eine Textzeile markieren	den Mauszeiger mit gedrückter linker Maustaste über den Text ziehen
einen Satz markieren	den Mauszeiger an einer beliebigen Stelle des Textes so weit nach links verschieben, bis er die Form eines nach rechts zeigenden Pfeils annimmt und jetzt dreifach klicken
das gesamte Dokument markieren	Doppelklick auf das Wort
eine Grafik markieren	den Mauszeiger auf die linke Seite der Zeile verschieben, bis er die Form eines nach rechts zeigenden Pfeils annimmt und jetzt klicken

Hast du die Seite fertig bearbeitet? Dann darfst du dir hinten einen Stern auf die Nummer 71 kleben.

Jetzt suche ich noch ein Bild zu diesem Gedicht.

Schreibe das folgende Gedicht am Computer.
Beachte die vorgegebenen Angaben zu Schriftgröße, Schriftart und Schriftfarbe.

Comic Sans MS / Schriftgröße 20 / fett / unterstrichen → Goldene Welt

Comic Sans MS / Schriftgröße 18 →

Im September ist alles aus Gold:
Die Sonne, die durch das Blau hinrollt,
das Stoppelfeld,
die Sonnenblume, schläfrig am Zaun,
das Kreuz auf der Kirche,
der Apfel am Baum.
Ob er hält? Ob er fällt?
Da wirft ihn geschwind
der Wind in die goldene Welt.

Schriftfarbe blau

Schriftfarbe gelb

Times New Roman / Schriftgröße 12 / kursiv → Georg Britting

Drucke dein Gedicht aus und klebe es hier auf.

Goldene Welt

Im September ist alles aus Gold:
Die Sonne, die durch das Blau hinrollt,
das Stoppelfeld,
die Sonnenblume, schläfrig am Zaun,
das Kreuz auf der Kirche,
der Apfel am Baum.
Ob er hält? Ob er fällt?
Da wirft ihn geschwind
der Wind in die goldene Welt.

Georg Britting

Hast du die Seite fertig bearbeitet? Dann darfst du dir hinten einen Stern auf die Nummer 136 und 185 kleben.

Damit Texte angenehmer zu lesen sind, kann man sie mithilfe von Textverarbeitungsprogrammen ein wenig interessanter gestalten. Dieses Rezept sieht so ein bisschen langweilig aus:

KiBa – Kirschbananensaft
Zutaten: 200 ml Kirschsaft, 200 ml Bananensaft, 3 Eiswürfel

So wird's gemacht: Zuerst füllst du Bananensaft in ein großes Glas. Gib dann die Eiswürfel dazu. Anschließend füllst du langsam mit Fingerspitzengefühl den Kirschsaft in das Glas. Lass den Saft über die Eiswürfel laufen. Dabei soll ein schönes, weißrotes Muster im Glas entstehen.

Welche Formatierungen musst du vornehmen, damit der Text so aussieht?
Schreibe dazu den Text mit einem Textverarbeitungsprogramm ab und probiere ein wenig herum. Wenn du eine Lösung gefunden hast, trägst du sie in die Sprechblasen ein. Deinen schön gestalteten Text kannst du auch ausdrucken.

linksbündig, Aufzählung

zentriert, fett, Schriftfarbe

linksbündig, fett

zentriert, fett

KiBa – Kirschbananensaft

Zutaten:
- 200 ml Kirschsaft,
- 200 ml Bananensaft,
- 3 Eiswürfel

So wird's gemacht:
Zuerst füllst du Bananensaft in ein großes Glas. Gib dann die Eiswürfel dazu. Anschließend füllst du langsam mit Fingerspitzengefühl den Kirschsaft in das Glas. Lass den Saft über die Eiswürfel laufen. Dabei soll ein schönes, weißrotes Muster im Glas entstehen.

linksbündig, fett

linksbündig

Hast du die Seite fertig bearbeitet? Dann darfst du dir hinten einen Stern auf die Nummer 166 kleben.

Ja	Foto-Checkliste: Darf ich das Foto veröffentlichen?	Nein
☐	Habe ich das Foto selber gemacht? Wenn nein, habe ich die Erlaubnis es zu verwenden?	☐
☐	Würde es meine Freundin oder mein Freund gut finden, wenn ich es ins Internet stelle?	☐
☐	Würde es jeder gut finden, wenn das Foto im Internet zu finden ist?	☐
☐	Wäre es in Ordnung, wenn jeder das Bild einfach weiterleiten kann?	☐
☐	Würde das Foto auch meinen Eltern gefallen?	☐
☐	Finde ich das Foto in einem Jahr immer noch gut?	☐
☐	Sind fremde Personen auf dem Bild zu sehen?	☐
☐	Habe ich die Erlaubnis dieser Personen, das Bild ins Internet zu stellen?	☐

Nur wenn alle grünen Felder angekreuzt sind, darfst du das Foto veröffentlichen.

Wenn nur ein Kreuz in einem roten Feld ist, darfst du das Foto nicht mehr veröffentlichen.

Entscheide mithilfe der Checkliste von Seite 49, ob das Bild veröffentlicht werden darf.

Kreuze ☐ für nein und ☐ für ja an.

☐ ☒ 

☐ ☒ 

☐ ☒ 

☒ ☐ 

☐ ☒ 

☐ ☒ 

☒ ☐ 

☒ ☐ 

Für ein schönes Foto ist es wichtig, dass man einige Dinge beachtet. Profis machen z. B. gerne Fotos im Freien bei Sonnenaufgang oder Sonnenuntergang. Aufnahmen bei diesem Licht sind besonders stimmungsvoll.
Beim Fotografieren können einem aber auch kleine Fehler unterlaufen. Das ist ärgerlich, weil das Bild dann nicht mehr so schön ist.

Clara hat in ihrem Album einige Fotos, bei denen etwas schiefgelaufen ist. Ordne den Fehler dem passenden Bild zu.

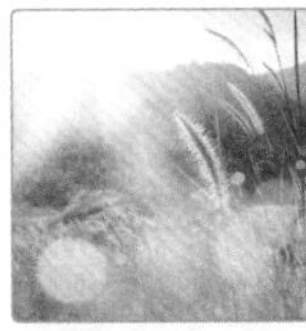

- gegen das Licht fotografiert
- Finger vor der Linse
- falscher Fokus: nur der Hintergrund ist scharf
- Motiv abgeschnitten
- unscharf
- zu dunkel

Was früher nur Spezialisten an schnellen Computern konnten, kann heute fast jeder. Man braucht dazu nicht einmal mehr einen Computer. Auch auf dem Smartphone hat man schon Möglichkeiten, ein Bild zu bearbeiten.

Probiere selbst, ein Bild am Computer oder auf dem Smartphone zu bearbeiten. Versuche so herauszubekommen, welche Effekte bei dem Foto rechts angewendet wurden.

Ordne zu.

- Farbe wird zu schwarz-weiß
- helle Farben werden dunkel, dunkle Farben hell
- Bild wird zerlegt
- Rahmen einsetzen
- Sticker hinzufügen
- Bild als Gemälde

Versuche doch mal, selbst ein Bild zu bearbeiten.

Vielleicht hast du schon einmal ein Plakat erstellt, um in der Klasse etwas zu einem Thema zu präsentieren.
Man kann aber auch digital eine Präsentation erstellen, mit der man dann z. B. ein Referat begleitet.
Dafür gibt es spezielle Programme, z. B. PowerPoint, Impress, Keynote u. a.

Wie funktioniert ein Präsentationsprogramm?

Lies zunächst den Text und setze dann die Wörter richtig ein.

gestalten – interessant – Folien – Bilder – Texte – Filme – Präsentationen – bewegen

Ein beliebtes Programm, mit dem man Präsentationen erstellen kann, ist z. B. PowerPoint. Bei einer digitalen Präsentation spricht man nicht von „Seiten", sondern von Folien. Auf diesen Folien kann man – genau wie auf einer Seite in einem Textverarbeitungsprogramm – Texte schreiben oder Bilder zur Veranschaulichung einsetzen. Darüber hinaus kann man aber auch Musik oder Filme in eine digitale Präsentation einbinden. Seine Texte kann man auch in einem Präsentationsprogramm mit verschiedenen Schriftarten, -größen, -farben usw. gestalten. Anders als in der Textverarbeitung kann man hier aber Texte und Bilder, die man auf die Folien stellt, auch animieren. Mit animieren ist gemeint, dass man einstellen kann, dass Texte und Bilder sich bewegen, blinken, in die Folie herein- oder hinausfliegen, springen und vieles mehr. So hat man viele Möglichkeiten, eine Präsentation für sein Publikum interessant zu machen.

Zu welchem Thema möchtest du deine erste Präsentation erstellen?

Wenn du ein Präsentationsprogramm öffnest, wirst du feststellen, dass viele Symbole ähnlich oder genauso aussehen wie in Textverarbeitungsprogrammen. Die Bedeutung dieser Symbole hast du ja schon auf Seite 44 kennengelernt.

Wenn du dich also schon mit einem Textverarbeitungsprogramm auskennst, findest du dich sicher auch schnell in einem Präsentationsprogramm zurecht. Außerdem werden dir auf den Folien direkt Hilfen gegeben. Auf der ersten Folie wird dir angezeigt, wo du den Titel und wo den Untertitel eingeben kannst.

Erstelle eine eigene kleine Präsentation. Worum soll es darin gehen? Mögliche Themen können sein: Mein Haustier, Mein Hobby, Mein Lieblingsfilm oder -buch, Mein nächstes Reiseziel, Unser Klassenausflug usw.

Trage hier einen Titel und einen Untertitel für deine Präsentation ein.

Beispiellösungen

Mein Haustier
Titel

Mein Kater Bruno
Untertitel

Auf der nächsten Folie gibt man seinen Zuhörerinnen und Zuhörern einen Überblick, worum es in der Präsentation gehen wird. Trage hier mögliche Gliederungspunkte zu deinem Thema ein. Beim Thema „Mein nächstes Reiseziel“ könnten das z. B. sein: Lage des Ortes (in welchem Land, am Meer, in den Bergen, …), Sehenswürdigkeiten, Geschichte des Ortes, Spezialitäten, …

Inhalt

- Das mag mein Kater
- So wohnt mein Kater
- Das isst mein Kater

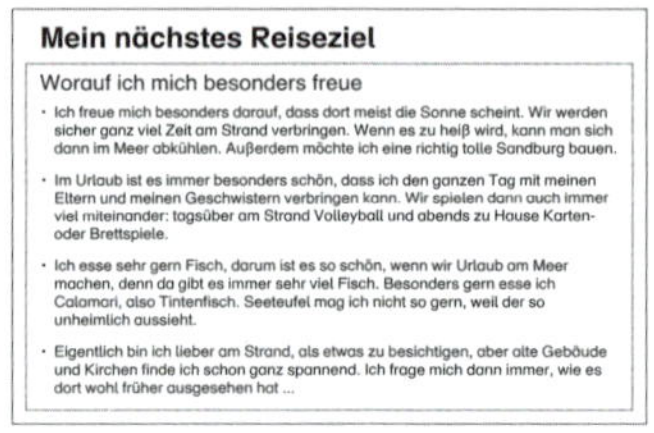

Wie sollte eine gelungene Präsentation aussehen? Kreuze an.

- ☐ Jede Folie sollte anders aussehen, damit die Präsentation abwechslungsreich ist.
- ☐ Man sollte alle Folien unterschiedlich einfärben, damit die Präsentation schön bunt ist.
- ☒ Mit ausgewählten Bildern kann man eine Präsentation anschaulicher und interessanter gestalten.
- ☒ Die Folienfarben sollten zurückhaltend sein und zum Inhalt passen.
- ☐ Wenn man viele Informationen geben will, kann die Schrift ruhig ganz klein sein.
- ☒ Man sollte den Inhalt in Stichworten zusammenfassen, die den mündlichen Vortrag unterstützen.
- ☒ Die Folien einer Präsentation sollten einheitlich gestaltet sein.
- ☐ Eine Präsentation sollte ausschließlich Text enthalten, Bilder lenken nur ab.
- ☐ Man sollte schöne Sätze schreiben, damit man Freude beim Lesen hat.
- ☐ Eine Präsentation sollte aus möglichst wenig Folien bestehen, darum muss man möglichst viel auf jeder Folie unterbringen.
- ☒ Die Folien einer Präsentation sollten möglichst sparsam befüllt sein, damit das Publikum den Inhalt anschauen bzw. lesen und erfassen kann.
- ☒ Die Schrift sollte möglichst groß sein, damit alle den Text gut lesen können.

Wenn du dich für die Eigenschaften einer gelungenen Präsentation entschieden hast, schau dir noch einmal die beiden Folien oben an. Welche gefällt dir besser?

Mit einem Präsentationsprogramm kann man seine Texte und Bilder auch animieren, d. h., man kann einstellen, dass sie sich bewegen, ins Bild hüpfen langsam verblassen usw.
Auch den Übergang von einer Folie zur nächsten kann man gestalten.
Schau dir in einem Präsentationsprogramm die Übergangseffekte an.

Welche Übergänge findest du in den Abbildungen unten wieder? Schreibe jeweils die Bezeichnung dazu.

Bienenwabe

Papierflieger

Zerknüllen

Schachbrett

Vorhänge

Umfallen

Zersplittern

Türen

Probiere die Übergänge in einer Präsentation aus. Welcher Übergang gefällt dir am besten?

Unter deinen persönlichen „Daten“ versteht man Informationen über dich wie dein Alter, deinen Wohnort, deinen Geburtstag, deine Hobbys und vieles mehr. Ob man seine Daten im Internet veröffentlicht, sollte man sich gut überlegen. Wenn du herausfindest, welche der Erklärungen jeweils richtig ist, verstehst du, warum das so ist.

Kreuze an.

1 Das Internet kann jeder nutzen.
- ☒ a Wenn man Daten oder Bilder ins Internet lädt, dann sind sie nicht mehr privat. Jeder hat die Möglichkeit, sie anzusehen. Ein peinliches Foto können also nicht nur Freundinnen und Freunde, sondern auch die Lehrerin oder der Lehrer sehen.
- ☐ b Bilder bleiben im Internet bei den Leuten, denen man diese Bilder geschickt hat, oder in einem sozialen Netzwerk, in dem man sie eingestellt hat. Warum sollten Freundinnen und Freunde die Bilder weitergeben?

2 Im Internet machen sich deine Daten selbstständig.
- ☐ a Im Internet sind so viele Daten, da fallen ein paar Daten mehr oder weniger kaum auf.
- ☒ b Daten verbreiten sich im Internet sehr schnell. Man weiß dann nicht, wer sie kopiert und weitergibt. Suchmaschinen sorgen dafür, dass Informationen über eine Person leicht zu finden sind.

3 Das Internet vergisst nichts.
- ☒ a Wenn einmal Fotos oder Informationen von dir im Internet sind, dann kann man sie kaum noch löschen. Besonders bei Suchmaschinen werden sie lange gespeichert.
- ☐ b Wenn dir ein Bild irgendwann peinlich werden sollte, dann löschst du es einfach aus dem Internet.

4 Deine Daten können im Internet wie ein Puzzle zusammengesetzt werden.
- ☒ a Manche Suchmaschinen haben sich auf das Sammeln von Personendaten spezialisiert. Sie sammeln im Internet alle Informationen, die es über dich gibt. So kann sich auch jemand, der dich nicht kennt, ein genaues Bild von dir machen.
- ☐ b Wer sollte denn Interesse daran haben, dich im Internet zu suchen?

5 Daten können gestohlen und verkauft werden.
- ☒ a Jemand kann deine Daten stehlen und sich im Internet für dich ausgeben. Diese Person könnte dann z. B. im Internet mit deinen Daten einkaufen und du erhältst eine Rechnung für etwas, was du nie bestellt hast.
- ☐ b Deine Daten hast du mit einem super Passwort geschützt. Da kommt keiner ran.

Datenklau – ein Kinderkrimi

Endlich Schulschluss! Wie fast jeden Nachmittag nach der Schule meldet sich Clara zu Hause erst einmal in einem sozialen Netzwerk an. Heute hat sie eine neue Freundschaftseinladung erhalten. Sie ist von Claras bester Freundin Sina. Sinas Profil enthält ihr Foto, ihre Adresse und ihre Hobbys. Gleich nachdem Clara die Einladung angenommen hat, spricht sie Sina im Chatfenster an:

Clara

Sina

Clara: Toll, dass du auch dabei bist. Wie kommt das?

Sina: Ich konnte meine Eltern endlich überreden.

Clara: Treffen wir uns morgen nach der Schule?

Sina: Klar! Wann und wo?

Clara: Auf dem Marktplatz am Brunnen.

Sina: OK.

Am nächsten Tag in der großen Pause stehen Clara und Sina kichernd auf dem Schulhof. Clara sagt: „Das ist ja toll, Sina, dass du nun auch endlich dabei bist." Sina guckt etwas verwundert. „Was meinst du?", fragt sie. „Na, im sozialen Netzwerk. Übrigens: Cooles Profilfoto", antwortet Clara. Sinas Augen werden immer größer: „Aber ich bin dort doch gar nicht angemeldet – du weißt doch, meine Eltern möchten das nicht." Clara lacht: „Aber natürlich bist du angemeldet. Du hast mir doch gestern eine Freundschaftsanfrage geschickt und wir haben sogar miteinander gechattet." Aber Sina bleibt dabei: „Ich weiß nicht, wovon du redest. Ich bin wirklich nicht angemeldet und habe gestern auch garantiert nicht mit dir gechattet. Echt nicht." Die zwei verstummen und schauen sich mit großen Augen an. Es scheint, als würden sie dasselbe denken:
Wenn Sina das Profil nicht selbst erstellt hat, wer steckt dann dahinter?
Und woher weiß die Person so viel über Sina?

Schreibe die Geschichte weiter.
Fehlen dir Ideen für eine spannende Fortsetzung?

Vielleicht helfen dir folgende Vorschläge:
- Was werden Clara und Sina jetzt unternehmen?
- Was ist mit dem vereinbarten Treffen am Nachmittag?
- Es könnten weitere Personen auftauchen: Claras Mutter, die Klassenlehrerin, die Polizei, der große Bruder von Sina, …

individuelle Lösung

Schütze deine Geräte

Deine Daten können auch in falsche Hände geraten, ohne dass du sie im Internet hochgeladen hast. Jemand kann sich zum Beispiel über das Internet heimlich Zugang zu deinem Rechner verschaffen und deine Daten stehlen. Zum Thema Datenklau und Computersicherheit gibt es einige Begriffe, die du kennen solltest.

Ordne zu. Was ist ...

- ein Trojaner?
- ein Computervirus?
- Spyware?
- Phishing?
- ein Hacker?

- Ähnlich wie ein Trojaner kommt das Programm unbemerkt auf deinen Rechner. Es hat das Ziel, deine Programme oder Daten zu zerstören.
- „To spy" ist Englisch und bedeutet spionieren. Solche Programme merken sich zum Beispiel, welche Internetseiten du besuchst und geben diese Informationen weiter.
- Das ist ein Programm, das heimlich auf deinem Rechner läuft, und mitliest, was du tust. Es kann sogar deine Webcam steuern.
- Das ist eine Person, die gezielt Sicherheitslücken in deinem Computer sucht und versucht, über das Internet in deinen Rechner einzudringen. Auch ein Hacker ist auf deine Daten aus.
- Das ist ein zusammengesetztes Wort aus „Passwort" und „fishing" (Englisch für angeln). Man wird in einer E-Mail oder auf einer Internetseite aufgefordert, sein Passwort, z. B. für einen Shop im Internet, einzugeben. Fremde können dann auf deine Kosten einkaufen.

Gegen all diese Gefahren kannst du dich schützen, indem du auf all deinen Geräten, auch auf deinem Smartphone, eine Schutzsoftware installierst.
Im Internet gibt es viele gute Programme, die auch nichts kosten.

Werbung im Internet

Auch im Internet begegnet dir Werbung. Oft ist sie dort gefährlicher als Werbung im Fernsehen. Denn es kann z. B. passieren, dass man mit dem Anklicken einer Werbeanzeige gleich schon etwas gekauft hat. Manchmal landet man auf einer anderen Internetseite, auf die man gar nicht wollte oder man lädt sich mit der Werbung sogar Viren, Trojaner oder Spyware auf den Rechner. Du solltest Werbung also immer schließen oder löschen, wenn sie dir begegnet.

Ordne die Begriffe passend zu. Spam Banner Layer Pre-Roll Pop-Up

1. Dieser Begriff ist ein altmodisches Wort für Fahne. Und wie eine Fahne erscheint diese Art der Werbung auch am oberen Rand des Bildschirms oder an der Seite.
   B a n n e r
2. Bei dieser Art von Werbung handelt es sich um eine der beiden Werbearten, bei denen sich von selbst ein Fenster vor der Seite öffnet, die man eigentlich anschaut. Diese Fenster sind oft etwas kleiner und überdecken nur einen Teil der Seite. Die deutsche Bedeutung des Begriffs ist auftauchen.
   P o p - U p
3. Solche Werbefilme laufen auf Videoportalen. Sie werden vor dem Film oder Clip, den man eigentlich ansehen möchte, abgespielt. Darum ist der gesuchte Begriff auch die englische Übersetzung für Vor-Film.
   P r e - R o l l
4. Diese Fenster sind die andere Art von Werbung, die sich von selbst und ungefragt öffnet. Allerdings ist sie oft noch viel größer und überdeckt eine Seite teilweise oder sogar vollständig. So bildet sie eine neue Lage oder Schicht über der Seite, mit der man sich gerade beschäftigt.
   L a y e r
5. Diese Werbung bekommst du in dein E-Mail-Postfach. Darauf solltest du auf keinen Fall antworten. Auch in der Mail enthaltene Links darfst du nicht anklicken.
   S p a m

Wähle aus den Lösungswörtern die folgenden Buchstaben, um das Lösungswort zu finden.

S	u	p	e	r
Nummer 5 Buchstabe 1	Nummer 2 Buchstabe 4	Nummer 3 Buchstabe 1	Nummer 4 Buchstabe 4	Nummer 1 Buchstabe 6

Im Internet einkaufen ist total praktisch. Man kann sich bequem von zu Hause aus etwas aussuchen und nach Hause liefern lassen. Mittlerweile kann man fast alles im Internet kaufen: Bücher, Filme, Möbel, Fernseher und noch vieles mehr. Sogar Lebensmittel kann man online bestellen.
Aber es gibt auch Einiges zu beachten.

Clara und Hanno haben jeweils unterschiedliche Einstellungen zum Einkaufen im Internet. Wer hat recht? Kreuze an. Manchmal haben beide recht.

☐ „Im Internet kann ich heimlich abends bestellen. Das bekommen die Eltern dann gar nicht mit."
☒ „Du solltest auf jeden Fall vorher fragen, bevor du etwas bestellst. Spätestens bei der Lieferung kommt es sowieso heraus."

☒ „Online kann man gut Preise vergleichen und so oft günstig einkaufen."
☒ „Im Internet ist es nicht immer günstig. Außerdem kommen oft noch hohe Versandkosten dazu."

☒ „Wenn Oma krank ist, dann bestellt sie auch manchmal Medikamente online. Dann muss sie nicht aus dem Haus."
☒ „Viele Menschen wohnen weit entfernt von der nächsten Stadt. Für die ist es natürlich praktisch im Internet einzukaufen. Dann brauchen sie nicht extra in die Stadt fahren. Das spart Zeit und Geld."

☐ „Sich Filme im Internet anzusehen ist toll. Das kostet oft gar nichts."
☒ „Im Internet kostenlos Filme anzusehen kann gefährlich sein. Denn meist ist das nicht erlaubt und dann muss man vielleicht sogar eine Strafe zahlen."

☐ „Ich kaufe mir wirklich alles im Internet, weil das so praktisch ist."
☒ „Bei uns um die Ecke musste ein kleiner Buchladen schließen. Die Leute kaufen lieber im Internet. Vielleicht sollte man sich überlegen, ob man sich wirklich alles online kauft."

☐ „Wenn mir etwas nicht gefällt, dann schicke ich es einfach zurück."
☒ „Zurückschicken ist manchmal gar nicht so einfach. Besonders kompliziert wird es, wenn man etwas im Ausland bestellt hat. Außerdem muss der Paketbote für jede Lieferung zu deinem Haus fahren. Das belastet die Umwelt."

Sicher hast du schon einmal erlebt, wie jemand in der Schule geärgert wird. Ärgern kann man jemanden, indem man ihn beispielsweise schubst oder schlägt. Aber auch Beleidigungen können ärgern und verletzen. Jemanden zu beleidigen oder schlechtzumachen nennt man Mobbing. Das Wort kommt aus dem Englischen und bedeutet „über jemanden herfallen". Von Mobbing spricht man aber erst dann, wenn jemand dauerhaft oder über einen längeren Zeitraum gemobbt wird. Passiert das im Internet, spricht man von Cybermobbing.

Was ist Mobbing? Kreuze an.

- ☒ jemanden vor anderen lächerlich machen
- ☒ böse Gerüchte in Umlauf bringen
- ☒ jemandem auflauern und verprügeln
- ☒ jemanden erpressen
- ☐ sich einmal streiten
- ☐ sein Pausenfrühstück mit jemandem teilen
- ☒ abschätzige Blicke oder Gesten
- ☒ Geheimnisse öffentlich machen
- ☒ abwertende Spitznamen verwenden
- ☐ peinliche Fotoaufnahmen machen
- ☒ peinliche Fotoaufnahmen verbreiten
- ☐ jemandem aufhelfen
- ☐ die Augen verdrehen, wenn jemand in den Raum kommt
- ☒ die Familie beleidigen
- ☐ jemandem nicht zuhören
- ☒ falsche Anschuldigungen verbreiten
- ☒ sich lustig machen über Figur, Frisur, Nase, ...
- ☒ Schulsachen entwenden oder zerstören
- ☒ jemanden immer wie Luft behandeln
- ☐ jemandem die Hausaufgaben vorbeibringen, wenn er krank ist
- ☐ jemanden anschreien
- ☒ jemanden absichtlich falsch beschuldigen
- ☒ jemanden ausgrenzen
- ☒ persönliche Notizen von jemand anderem verbreiten

Wofür steht die Abkürzung „www"?
☐ weltweite Wunder ☒ World Wide Web ☐ weiterhin windiges Wetter

Wie haben sich die Indianer miteinander verständigt?
☒ mit Rauchzeichen ☐ mit Steintafeln ☐ mit Morsezeichen

Welches ist kein elektronisches Medium?
☐ E-Reader ☐ Laptop ☒ Zeitung

Wie heißt ein Bildschirm, der auf Fingerdruck reagiert?
☐ Touchpen ☒ Touchscreen ☐ Touchdown

Wann wurde die erste E-Mail verschickt?
☒ 1971 ☐ 1998 ☐ 2005

Woran erkennst du eine E-Mail-Adresse?
☒ @ Zeichen ☐ © Zeichen ☐ ® Zeichen

Wenn du mit deinem Smartphone ein Foto von dir selbst machst, dann heißt es ...
☒ Selfie ☐ Selbstie ☐ Selfchen

Wenn man im Internet unterwegs ist, dann bezeichnet man das als ...
☐ skaten ☒ surfen ☐ joggen

Womit kann man zwei Internetseiten miteinander verbinden?
☒ mit einem Link ☐ mit einer Brücke ☐ mit einem Kabel

Wie lange solltest du am Tag höchstens vor dem Computer sitzen?
☒ 10 Minuten pro Lebensjahr ☐ 30 Minuten pro Lebensjahr ☐ 1 Stunde pro Lebensjahr

Mit welchem Programm kannst du eine Präsentation für dein Referat erstellen?
☐ mit Word ☒ mit PowerPoint ☐ mit Photoshop

Was ist eine App?
☐ ein Programm für Spielekonsolen ☐ ein Programm für Fernseher ☒ ein Programm für Smartphones und Tablets

Was bedeutet das Wort „Chat"?
☐ lästern ☐ fragen ☒ plaudern

220001792

Eine E-Mail-Adresse benötigst du, wenn du einem anderen Kind etwas schreiben, dich auf einer Kinderseite oder für einen Kinder-Chat anmelden möchtest.
Doch bevor du deine erste Mail schreibst, solltest du dich mit den folgenden Regeln vertraut machen:

1. Deine Mail-Adresse sollte keine Rückschlüsse auf dich zulassen. Am besten wählst du einen schönen Fantasiebegriff, z. B. **tiger@mail4kidz.de**.
2. Gib deine Mailadrasse nur an gute Freunde und Freundinnen weiter.
3. Wenn du eine E-Mail von einem unbekannten Absender bekommst, dann lösche sie, ohne sie zu öffnen.
4. Öffne keine Anhänge, wenn du nicht weißt, was darin ist.
   Öffne nur Anhänge von Absendern, die du kennst.

Was ist Spam, ein Trojaner oder ein Virus?
Schreibe zu jeder „Computerkrankheit" den richtigen Namen.
Ordne dann zu, was mit dem Begriff ursprünglich gemeint ist.

____

Es handelt sich dabei um Mails, die vor allem unerwünschte Werbung beinhalten. Die Absender solcher Mails blockiert man am besten, damit man sie gar nicht mehr bekommt.

____

Einen Computer können diese Programme schädigen oder sie spionieren persönliche Daten aus.

____

Manchmal wird in einer E-Mail ein Anhang mitgeschickt, der gefährlich sein kann. Wenn man ihn öffnet, wird automatisch ein Programm gestartet, das Schaden anrichtet. Der Computer wird sozusagen mit einer Krankheit angesteckt.

Eigentlich ist das ein englisches Wort, mit dem man auch „Müll" bezeichnet.

Es handelt sich eigentlich um winzige Lebewesen, die in den Körper gelangen und Menschen krank machen können.

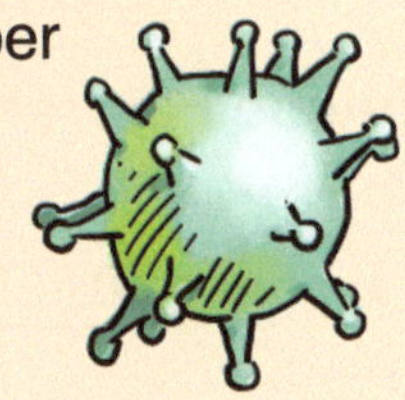

Die Bezeichnung geht zurück auf die alten Griechen, die sich im Bauch eines hölzernen Pferdes in eine feindliche Stadt eingeschlichen haben.

Emoticon nennt man eine Zusammenstellung von Schriftzeichen, die wie auf die Seite gelegte Gesichter aussehen. Man setzt diese Emoticons beim Schreiben ein, um Gefühle auszudrücken. So spart man sich Zeit beim Tippen. Das bekannteste Emoticon ist der lächelnde Smiley :-)
Der Begriff Emoticon setzt sich aus den beiden englischen Wörtern emotion für „Gefühl“ und icon für „Bild“ zusammen.

Für die meisten Emoticons benötigt man nur die folgenden Zeichen:
: - ( ) x D o ; P = [ ] / >

Kombiniere diese Zeichen, um die folgenden Gefühle auszudrücken. Vielleicht findest du auch mehrere Möglichkeiten pro Gefühl?

erstaunt sein: ______ ______ ______ ______

laut lachen: ______ ______ ______ ______

traurig sein: ______ ______ ______ ______

misstrauisch sein: ______ ______ ______ ______

sich ärgern: ______ ______ ______ ______

sich freuen: ______ ______ ______ ______

frech sein: ______ ______ ______ ______

etwas nicht so ernst meinen: ______ ______ ______ ______

Welche Figuren könnten sich hinter diesen Emoticons verstecken?

]:-> der Teufel

*<:-) ______________________

8:o) ______________________

[:] ______________________

<:DX ______________________

P-) ______________________

C=:-) ______________________

Hast du die Seite fertig bearbeitet? Dann darfst du dir hinten einen Stern auf die Nummer 153 kleben.

Eine neuere Form der Emoticons kommt aus Japan. Sie sind anders programmiert, sodass man noch mehr Gefühle, aber auch andere Dinge darstellen kann.

So gibt es Emoticons für alle möglichen Gegenstände oder auch Hobbys. Mit den Emoticons kann man Buchstaben oder ganze Wörter durch eine Art Bilderschrift ersetzen. Du kannst es dir ähnlich vorstellen wie bei den ägyptischen Hieroglyphen.

Genauso schwer wie die Hieroglyphen sind manche Kombinationen aus Emoticons zu enträtseln.

Welche Märchen werden durch diese Emoticons dargestellt?

Abkürzungen

Emoticons setzt man also ein, um beim Schreiben von E-Mails oder Textnachrichten Zeit zu sparen. Es gibt noch andere Formen von Abkürzungen. Diese Abkürzungen sind nicht immer leicht zu verstehen, oft sind sie auch aus dem Englischen übernommen worden.

Weißt du, was CU, LG oder 4U bedeutet?

Trage im Kreuzworträtsel immer die deutsche Bedeutung ein. Sie besteht oft aus mehreren Wörtern.
Schreibe SS für ß.

a) CU
b) LOL
c) LG
d) THX
e) MFG
f) HDL
g) 4U

Deutsche Bedeutung	Abkürzung	Erklärung
danke	THX	THX steht für das englische Wort thanks, das heißt auf Deutsch danke.
Für dich	4U	4U steht für die englischen Wörter fo(u)r you, das heißt auf Deutsch vier/für dich (im Englischen klingen die Wörter für vier (four) und für (for) gleich.
Hab dich lieb	HDL	
laut lachen	LOL	LOL steht für die englischen Wörter laughing out loud, das heißt auf Deutsch laut herauslachen.
Liebe Grüße	LG	
Mit freundlichen Grüßen	MFG	
Tschüss	CU	CU steht für die englischen Wörter see you, das heißt auf Deutsch Man sieht sich.

Hast du die Seite fertig bearbeitet? Dann darfst du dir hinten einen Stern auf die Nummer 70 kleben.

Kann man sich im Internet noch schneller und unkomplizierter als per Mail unterhalten?

Ja, dafür nutzt du einen Messenger. Mit einem Messenger kann man sich zu zweit oder in einer Gruppe über Textnachrichten unterhalten und der Text kommt nach dem Absenden sofort beim Empfänger an. „Messenger" ist ein englisches Wort und bedeutet Bote. Messenger-Dienste darf man erst ab 16 Jahren benutzen.

Warum das denn?

Weil ein Messenger-Dienst deine Daten an den Anbieter weiterleitet. Außerdem kannst du dir nicht immer sicher sein, dass der Absender einer Nachricht auch der ist, für den er sich ausgibt. Wenn du also einen Messenger nutzt, solltest du das nur mit deinen Eltern zusammen machen.

Ach so, ich verstehe. Und was ist dann ein Chat?

Chats funktionieren so ähnlich wie Messenger. „To chat" kommt auch aus dem Englischen und bedeutet plaudern. Ein Chat ist also ein Gespräch im Internet. Gechattet wird oft am Computer. Wenn du eine Nachricht schreibst, können andere sie sofort lesen und darauf antworten.

Ist chatten auch erst ab 16?

Nein, aber meist weiß man nicht, wer die Chatpartner sind. Es ist also noch unsicherer als bei einem Messenger-Dienst, wer sich hinter der Person verbirgt, mit der du sprichst.

Und wie komme ich in einen Chat?

Meist musst du dich dafür anmelden. Dafür brauchst du dann deine E-Mail-Adresse.

Was für Chats gibt es denn eigentlich?

Du kannst dich z. B. bei Online-Spielen mit deinen Mitspielern unterhalten. Außerdem gibt es auch Video-Chats. Das ist wie telefonieren, aber man kann sich dabei sehen. In jedem Fall solltest du deine Eltern fragen, wenn du einen Chat nutzen möchtest. Und chatte nur mit Personen, die du wirklich kennst.

Hast du den Info-Text auf Seite 37 aufmerksam gelesen?
Dann kannst du sicher die Fragen beantworten und das Kreuzworträtsel lösen.

- **a** Neben E-Mail und Chats gibt es noch weitere Programme, mit denen man sich über das Internet unterhalten kann. Wie nennt man diese Programme?
- **b** Mit einem Messenger kann man sich zu zweit unterhalten oder in einer ________.
- **c** Was bedeutet chatten?
- **d** Aus welcher Sprache kommt „to chat“?
- **e** Was benötigst du, um dich zu einem Chat anmelden zu können?
- **f** Wie nennt man die Chats, bei denen du deine Gesprächspartner auch sehen kannst?
- **g** Wen solltest du fragen, bevor du dich zu einem Chat anmeldest?
- **h** Was wird von Messenger-Diensten an die Anbieter weitergeleitet und ist darum nicht sicher geschützt?

Wie lautet das Lösungswort?

1	2	3	4	5	6	7	8	9	10

 Hast du die Seite fertig bearbeitet? Dann darfst du dir hinten einen Stern auf die Nummer 186 kleben.

Viele Messenger-Dienste sind erst ab 16 Jahren erlaubt.
Auf Seite 37 wurde bereits erläutert, dass es dafür gute Gründe gibt.
Viele Kinder verwenden trotzdem Messenger-Dienste.
Kein Wunder, dass Clara sauer ist, denn ihr Vater will ihr nicht erlauben, einen Messenger zu benutzen. Die beiden diskutieren.

Ordne folgende Gedanken und Aussagen entweder Clara (C) oder ihrem Vater (V) zu:

☐ Immer verbietest du mir alles. Andere Eltern sind viel cooler als ihr. Die erlauben ihren Kindern mehr.

Andere Eltern denken vielleicht nicht darüber nach, wie gefährlich das sein kann. ☐

Alle haben ein Smartphone. Nur ich nicht. Ich bin dann voll die Außenseiterin. ☐

☐ Man ist noch lange keine Außenseiterin, nur weil man eine Sache nicht hat, die andere haben.

Ich bin doch kein kleines Kind mehr. Und doof bin ich auch nicht. Nichts traust du mir zu! ☐

☐ Die unterhalten sich da auch über die Hausaufgaben und ich bekomme dann nichts mit.

Messenger-Dienste sind erst ab 16 Jahren. Und vorher sollte man es auch nicht nutzen. ☐

Ich mache mir doch nur Sorgen, dass dir etwas zustößt. Was ist, wenn Fremde dich darüber anschreiben? ☐

Wo landet das Bild?

Über E-Mail, Messenger und Chats kannst du auch Fotos verschicken. Das ist praktisch, weil du so z. B. einem Freund oder einer Freundin die Hausaufgaben schicken kannst. Aber Vorsicht: Fotos, die einmal im Internet gelandet sind, können sich sehr schnell verbreiten.

Hanno schickt seinen drei Freunden ein Bild von sich beim Fußball.
Seine Freunde schicken das Bild jeweils an drei weitere Freunde.
Das geht immer so weiter.

Bei wie vielen Personen findet sich das Foto,
nachdem es dreimal weitergeleitet wurde?

Führe die Zeichnung weiter, dann findest du es heraus.

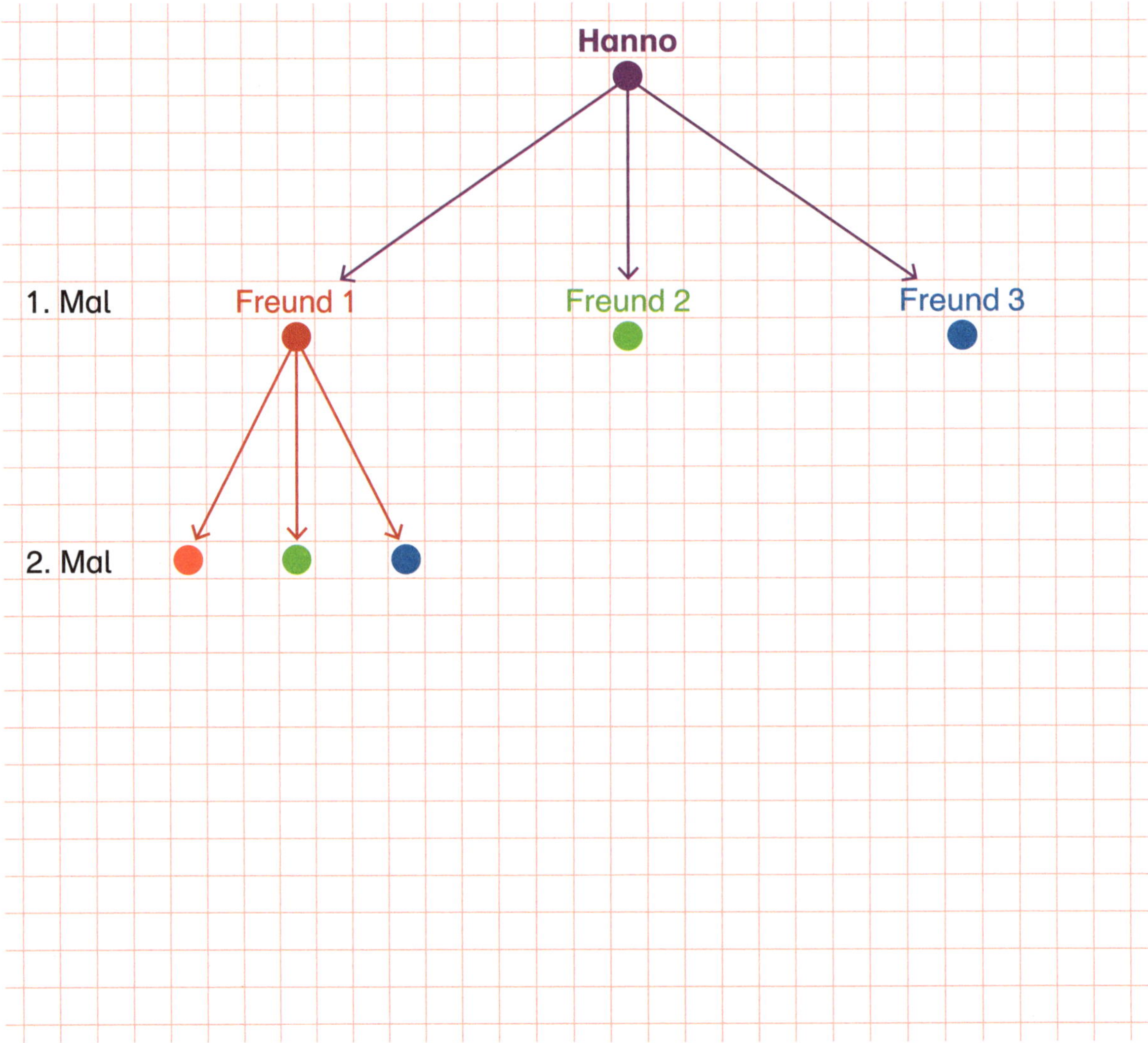

Zum Schluss befindet sich das Bild bei ______ Leuten.

Hast du die Seite fertig bearbeitet? Dann darfst du dir hinten einen Stern auf die Nummer 109 kleben.

Du hast festgestellt, dass sich Bilder, Videos und Nachrichten sehr schnell im Internet verbreiten können. Wenn man sie einmal losgeschickt hat, kann man sie nicht mehr löschen.
Überlege daher gut, welche Bilder und Videos du verschickst.

Clara hat einige Bilder und Videos in ihrem Album auf dem Handy.

Welche Bilder kann sie an ihre Freundinnen verschicken (☐) und welche lieber nicht (☐)?

Hast du die Seite fertig bearbeitet? Dann darfst du dir hinten einen Stern auf die Nummer 177 kleben.

Ähnlich wie Chats sind die sogenannten sozialen Netzwerke.
Dort treffen sich Menschen nicht wirklich. Sie tauschen dort aber Informationen, Gedanken und Bilder aus.

Man kann angeben, mit welchen Personen man befreundet sein möchte.
Diese Menschen sind alle wie die Knoten eines Netzes. Daher kommt auch der Begriff Netzwerk.

Die grüne Figur ist Clara.
Finde heraus, wer die anderen Personen im Netzwerk sind und trage ihre Namen ein.

- Clara ist mit Hanno, Ferdi, Charlotte, Jenny und Laura befreundet.
- Hanno ist mit Clara und Charlotte befreundet.
- Laura ist mit Clara und Charlotte befreundet.
- Charlotte ist mit Laura, Hanno, Clara, Ferdi und Timo befreundet.
- Ferdi ist mit Clara, Jenny, Charlotte und Timo befreundet.
- Jenny ist mit Clara, Ferdi und Timo befreundet.

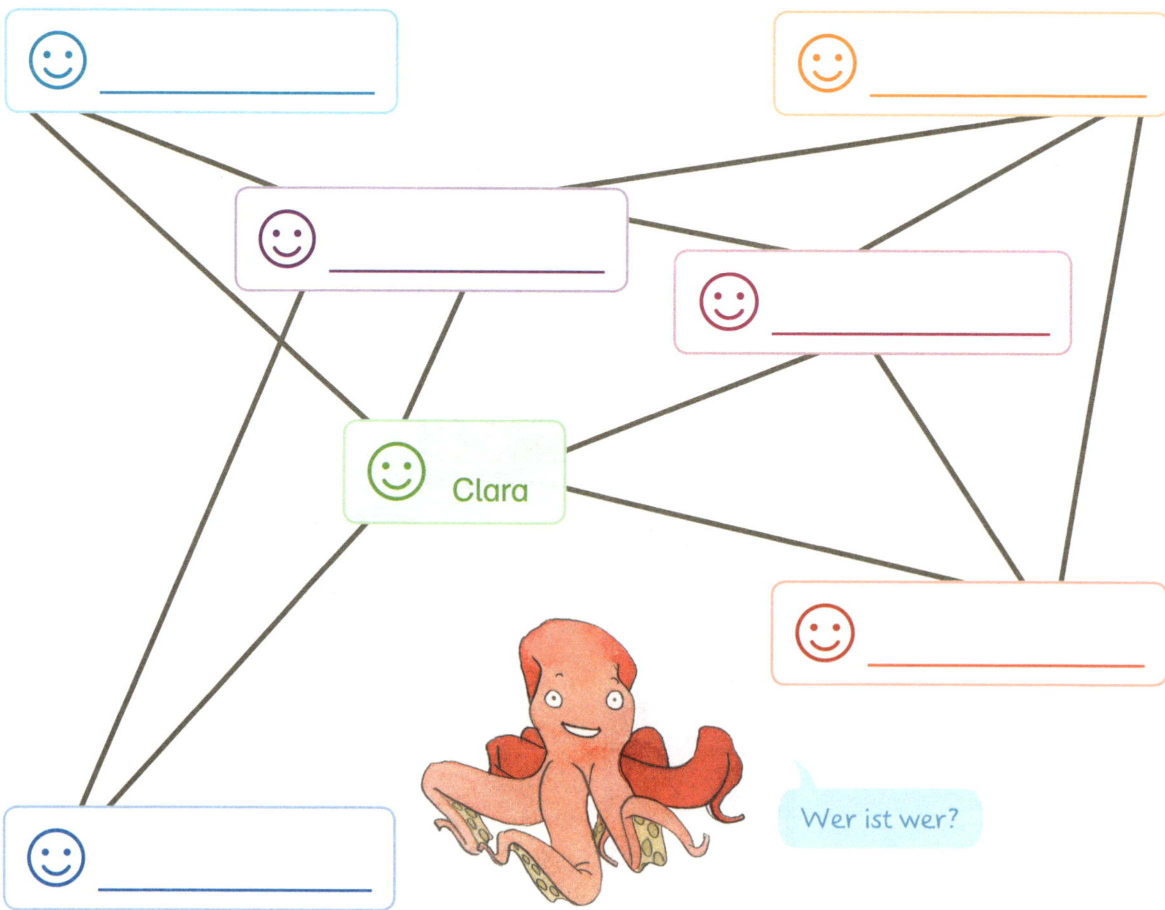

 Hast du die Seite fertig bearbeitet? Dann darfst du dir hinten einen Stern auf die Nummer 135 und 59 kleben.

Im sozialen Netzwerk anmelden

Eines der bekanntesten sozialen Netzwerke ist Facebook (sprich: Fäjss-Buck). Wer bei Facebook mitmachen möchte, erstellt dort ein Konto. Von diesem Konto aus schreibt man etwas oder man lädt Bilder hoch. Man kann andere Menschen mit einem Konto „besuchen" und anschreiben. Auf diese Weise kann man sich mit seinen Freundinnen und Freunden schnell und unkompliziert austauschen. Man kann aber auch neue Kontakte knüpfen. Man findet schneller Leute, die zu einem passen, wenn man viele Informationen über sich freigibt.

Soziale Netzwerke haben aber auch Nachteile. Denn diese Webseiten merken sich alles, was ihre Mitglieder machen. Die gesammelten Informationen werden genutzt, um Werbung zu zeigen, die für das Mitglied interessant sein könnte. Manche Informationen über die Nutzer werden auch an andere Firmen verkauft. Man sollte also gut überlegen, welche Daten man in sozialen Netzwerken preisgibt. Hanno möchte sich bei einem sozialen Netzwerk anmelden. Er kann sich nicht entscheiden, welche Angaben er in den einzelnen Feldern machen soll. Angaben mit Sternchen müssen ausgefüllt werden.

Hilf ihm und kreuze an.

Benutzername*
- ☐ Hanno Müller
- ☐ Nexo Knight 25

Passwort*
- ☐ 12345
- ☐ P@55w0rt

E-Mail-Adresse*
- ☐ Hanno-Müller@web.de
- ☐ Tiger25@web.de

Geburtstag
- ☐ Der genaue Geburtstag
- ☐ Das Jahr belassen, Tag und Monat ändern

Wohnort
- ☐ Neustadt
- ☐ Feld frei lassen

Profilbild
- ☐ Ein Bild, auf dem man gut zu erkennen ist
- ☐ Verfremdet oder von hinten

Hobbys
- ☐ Fußball und Zeichnen
- ☐ Feld frei lassen

Geschwister
- ☐ Tina
- ☐ Feld frei lassen

Schule
- ☐ Neustadtschule
- ☐ Feld frei lassen

Hast du die Seite fertig bearbeitet? Dann darfst du dir hinten einen Stern auf die Nummer 197 kleben.

In der Menüleiste in Textverarbeitungsprogrammen werden die Befehle oft mit kleinen Bildchen dargestellt. Öffne ein Textverarbeitungsprogramm und schau nach, ob du die folgenden Gegenstände als vereinfachte Abbildung findest.

Welchen Befehl löst du über welches Symbol aus? Verbinde.

	Damit kannst du Wörter oder Sätze ausschneiden.
	Mit dem Symbol für diesen Gegenstand kannst du drucken.
	Wenn du das Symbol für diesen Gegenstand anklickst, kannst du dein Dokument speichern.
	Wenn du eine Tabelle erstellen möchtest, klickst du auf das Symbol für diesen Gegenstand.
	Damit kannst du ein Bild von deinem Computer in dein Dokument einfügen.
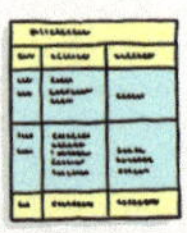	Klicke auf das Symbol für diesen Gegenstand, um einen kopierten Text einzufügen.
	Damit kannst du besondere Zeichen in deinen Text einfügen.
	Wenn du Wörter oder Sätze kopieren möchtest, dann verwendest du das Symbol für diesen Gegenstand.
	Mit dieser Funktion kannst du nach bestimmten Wörtern in deinem Text suchen.

Hast du die Seite fertig bearbeitet? Dann darfst du dir hinten einen Stern auf die Nummer 106 kleben.

Mit Textverarbeitungsprogrammen schreibt man Texte nicht nur einfach, man kann sie auch gestalten. Die Gestaltung nennt man Formatieren. Diese Funktionen kannst du dafür nutzen:

Schriftart:

Je nachdem, was für einen Text du schreiben willst, sind manche Schriftarten besser geeignet als andere. Für eine Geburtstagseinladung könnte man z. B. die Schrift Comic Sans MS wählen. Einen Text für die Schule sollte man aber in einer Schrift, die nüchterner wirkt, z. B. Times New Roman oder Arial, schreiben.

Schriftgröße:

Mithilfe dieser Funktion kannst du Wörter oder auch einzelne Buchstaben in unterschiedlichen Größen schreiben. Die Schriftgröße wird in Zahlen angegeben. Große Zahlen machen große Wörter und kleine Zahlen kleine Wörter.

Fett:

Manchmal möchte man Wörter hervorheben, weil sie besonders wichtig sind. Dafür kann man sie mithilfe des Fett-Symbols dick gedruckt darstellen. Die Schriftart und die Schriftgröße ändern sich dabei nicht.

Kursiv:

Auch mit dieser Funktion kannst du wichtige Wörter hervorheben.

Unterstrichen:

Die Funktion „Unterstreichen" nutzt du wie die Funktionen „Fett" und „Kursiv", um bestimmte Wörter hervorzuheben. Besonders geeignet ist die Funktion, um Überschriften zu kennzeichnen.

Schriftfarbe:

Besonders für Geburtstagseinladungen ist es schön, wenn man Wörter oder Sätze bunt gestalten kann. Dafür stehen dir ganz viele Farben zur Verfügung.

Linksbündig: Zentriert: Rechtsbündig:

Diese Funktion nutzt du, wenn Wörter oder Bilder an verschiedenen Positionen stehen sollen. Du kannst entscheiden, ob Wörter links oder rechts stehen sollen. Wenn sie in der Mitte stehen, nennt man das zentriert.

Grafik einfügen:

Deine Geburtstagseinladung kannst du noch ein wenig persönlicher gestalten, wenn du z. B. ein Bild von dir einfügst. Das musst du natürlich vorher als Datei auf deinem Computer haben. Wenn du das Bild dann in das Textdokument eingefügt hast, kannst du es an eine beliebige Stelle schieben und seine Größe verändern.

Wie markiert man etwas?

Probiere das Markieren an einem Text am Computer aus. Dann fällt dir das Zuordnen sicher leicht.

Willst du bei bestimmten Wörtern oder Sätzen die Schriftart oder die Größe ändern, musst du sie vorher markieren. Da gibt es verschiedene Möglichkeiten, damit das möglichst schnell geht.

Welches „Das will ich“ passt zu welchen „So mach ich's“?

Das will ich	So mach ich's
einen Textbereich markieren	die STRG-Taste halten und auf eine beliebige Stelle im Satz klicken
ein Wort markieren	auf die Grafik klicken
eine Textzeile markieren	den Mauszeiger mit gedrückter linker Maustaste über den Text ziehen
einen Satz markieren	den Mauszeiger an einer beliebigen Stelle des Textes so weit nach links verschieben, bis er die Form eines nach rechts zeigenden Pfeils annimmt und jetzt dreifach klicken
das gesamte Dokument markieren	Doppelklick auf das Wort
eine Grafik markieren	den Mauszeiger auf die linke Seite der Zeile verschieben, bis er die Form eines nach rechts zeigenden Pfeils annimmt und jetzt klicken

Hast du die Seite fertig bearbeitet? Dann darfst du dir hinten einen Stern auf die Nummer 71 kleben.

Schreibe das folgende Gedicht am Computer.
Beachte die vorgegebenen Angaben zu Schriftgröße, Schriftart und Schriftfarbe.

Comic Sans MS / Schriftgröße 20 / fett / unterstrichen → Goldene Welt

Comic Sans MS / Schriftgröße 18 →

Im September ist alles aus Gold:
Die Sonne, die durch das Blau hinrollt,
das Stoppelfeld,
die Sonnenblume, schläfrig am Zaun,
das Kreuz auf der Kirche,
der Apfel am Baum.
Ob er hält? Ob er fällt?
Da wirft ihn geschwind
der Wind in die goldene Welt.

Schriftfarbe blau: Blau

Schriftfarbe gelb: Gold, Stoppelfeld, Sonnenblume, Kreuz, Apfel, goldene

Times New Roman / Schriftgröße 12 / kursiv → Georg Britting

Drucke dein Gedicht aus und klebe es hier auf.

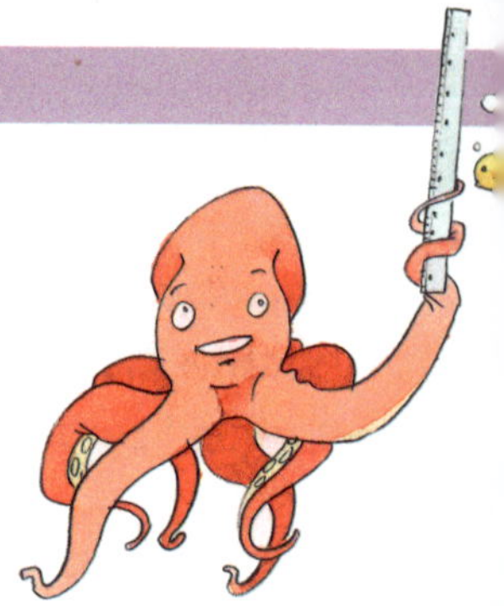

Damit Texte angenehmer zu lesen sind, kann man sie mithilfe von Textverarbeitungsprogrammen ein wenig interessanter gestalten. Dieses Rezept sieht so ein bisschen langweilig aus:

> KiBa – Kirschbananensaft
> Zutaten: 200 ml Kirschsaft, 200 ml Bananensaft, 3 Eiswürfel
>
> So wird's gemacht: Zuerst füllst du Bananensaft in ein großes Glas. Gib dann die Eiswürfel dazu. Anschließend füllst du langsam mit Fingerspitzengefühl den Kirschsaft in das Glas. Lass den Saft über die Eiswürfel laufen. Dabei soll ein schönes, weißrotes Muster im Glas entstehen.

Welche Formatierungen musst du vornehmen, damit der Text so aussieht? Schreibe dazu den Text mit einem Textverarbeitungsprogramm ab und probiere ein wenig herum. Wenn du eine Lösung gefunden hast, trägst du sie in die Sprechblasen ein. Deinen schön gestalteten Text kannst du auch ausdrucken.

______________________ ______________________

______________________ zentriert, fett

KiBa – Kirschbananensaft

Zutaten:
- 200 ml Kirschsaft,
- 200 ml Bananensaft,
- 3 Eiswürfel

So wird's gemacht:
Zuerst füllst du Bananensaft in ein großes Glas. Gib dann die Eiswürfel dazu. Anschließend füllst du langsam mit Fingerspitzengefühl den Kirschsaft in das Glas. Lass den Saft über die Eiswürfel laufen. Dabei soll ein schönes, weißrotes Muster im Glas entstehen.

______________________ ______________________

Foto-Checkliste:
Darf ich das Foto veröffentlichen?

Ja		Nein
☐	Habe ich das Foto selber gemacht? Wenn nein, habe ich die Erlaubnis es zu verwenden?	☐
☐	Würde es meine Freundin oder mein Freund gut finden, wenn ich es ins Internet stelle?	☐
☐	Würde es jeder gut finden, wenn das Foto im Internet zu finden ist?	☐
☐	Wäre es in Ordnung, wenn jeder das Bild einfach weiterleiten kann?	☐
☐	Würde das Foto auch meinen Eltern gefallen?	☐
☐	Finde ich das Foto in einem Jahr immer noch gut?	☐
☐	Sind fremde Personen auf dem Bild zu sehen?	☐
☐	Habe ich die Erlaubnis dieser Personen, das Bild ins Internet zu stellen?	☐

Nur wenn alle grünen Felder angekreuzt sind, darfst du das Foto veröffentlichen.

Wenn nur ein Kreuz in einem roten Feld ist, darfst du das Foto nicht mehr veröffentlichen.

Entscheide mithilfe der Checkliste von Seite 49, ob das Bild veröffentlicht werden darf.

Kreuze ☐ für nein und ☐ für ja an.

Hast du die Seite fertig bearbeitet? Dann darfst du dir hinten einen Stern auf die Nummer 161 kleben.

Für ein schönes Foto ist es wichtig, dass man einige Dinge beachtet. Profis machen z. B. gerne Fotos im Freien bei Sonnenaufgang oder Sonnenuntergang. Aufnahmen bei diesem Licht sind besonders stimmungsvoll.
Beim Fotografieren können einem aber auch kleine Fehler unterlaufen. Das ist ärgerlich, weil das Bild dann nicht mehr so schön ist.

Clara hat in ihrem Album einige Fotos, bei denen etwas schiefgelaufen ist. Ordne den Fehler dem passenden Bild zu.

gegen das Licht fotografiert

Finger vor der Linse

falscher Fokus: nur der Hintergrund ist scharf

Motiv abgeschnitten

unscharf

zu dunkel

Was früher nur Spezialisten an schnellen Computern konnten, kann heute fast jeder. Man braucht dazu nicht einmal mehr einen Computer. Auch auf dem Smartphone hat man schon Möglichkeiten, ein Bild zu bearbeiten.

Probiere selbst, ein Bild am Computer oder auf dem Smartphone zu bearbeiten. Versuche so herauszubekommen, welche Effekte bei dem Foto rechts angewendet wurden.

Ordne zu.

- Farbe wird zu schwarz-weiß
- helle Farben werden dunkel, dunkle Farben hell
- Bild wird zerlegt
- Rahmen einsetzen
- Sticker hinzufügen
- Bild als Gemälde

Versuche doch mal, selbst ein Bild zu bearbeiten.

Hast du die Seite fertig bearbeitet? Dann darfst du dir hinten einen Stern auf die Nummer 132 kleben.

Vielleicht hast du schon einmal ein Plakat erstellt,
um in der Klasse etwas zu einem Thema zu präsentieren.
Man kann aber auch digital eine Präsentation erstellen,
mit der man dann z. B. ein Referat begleitet.
Dafür gibt es spezielle Programme, z. B. PowerPoint, Impress, Keynote u. a.

Wie funktioniert ein Präsentationsprogramm?

Lies zunächst den Text und setze dann die Wörter richtig ein.

gestalten | interessant | Folien | Bilder

Texte | Filme | Präsentationen | bewegen

Ein beliebtes Programm, mit dem man ________________ erstellen kann, ist z. B. PowerPoint. Bei einer digitalen Präsentation spricht man nicht von „Seiten", sondern von ________________. Auf diesen Folien kann man – genau wie auf einer Seite in einem Textverarbeitungsprogramm – ________________ schreiben oder ________________ zur Veranschaulichung einsetzen. Darüber hinaus kann man aber auch Musik oder ________________ in eine digitale Präsentation einbinden. Seine Texte kann man auch in einem Präsentationsprogramm mit verschiedenen Schriftarten, -größen, -farben usw. ________________. Anders als in der Textverarbeitung kann man hier aber Texte und Bilder, die man auf die Folien stellt, auch animieren. Mit animieren ist gemeint, dass man einstellen kann, dass Texte und Bilder sich ________________, blinken, in die Folie herein- oder hinausfliegen, springen und vieles mehr. So hat man viele Möglichkeiten, eine Präsentation für sein Publikum ________________ zu machen.

Zu welchem Thema möchtest du deine erste Präsentation erstellen?

Hast du die Seite fertig bearbeitet? Dann darfst du dir hinten einen Stern auf die Nummer 140 kleben.

Wenn du ein Präsentationsprogramm öffnest, wirst du feststellen, dass viele Symbole ähnlich oder genauso aussehen wie in Textverarbeitungsprogrammen. Die Bedeutung dieser Symbole hast du ja schon auf Seite 44 kennengelernt.

Wenn du dich also schon mit einem Textverarbeitungsprogramm auskennst, findest du dich sicher auch schnell in einem Präsentationsprogramm zurecht. Außerdem werden dir auf den Folien direkt Hilfen gegeben. Auf der ersten Folie wird dir angezeigt, wo du den Titel und wo den Untertitel eingeben kannst.

Erstelle eine eigene kleine Präsentation. Worum soll es darin gehen? Mögliche Themen können sein: Mein Haustier, Mein Hobby, Mein Lieblingsfilm oder -buch, Mein nächstes Reiseziel, Unser Klassenausflug usw.

Trage hier einen Titel und einen Untertitel für deine Präsentation ein.

____
Titel

____
Untertitel

Auf der nächsten Folie gibt man seinen Zuhörerinnen und Zuhörern einen Überblick, worum es in der Präsentation gehen wird. Trage hier mögliche Gliederungspunkte zu deinem Thema ein. Beim Thema „Mein nächstes Reiseziel" könnten das z. B. sein: Lage des Ortes (in welchem Land, am Meer, in den Bergen, …), Sehenswürdigkeiten, Geschichte des Ortes, Spezialitäten, …

Inhalt

- ____________________
- ____________________
- ____________________

Mein nächstes Reiseziel

Worauf ich mich besonders freue

- Die Sonne, den Strand und das Meer
- Viel Zeit mit meiner Familie und zum Spielen zu haben
- Leckeren Fisch essen, weil ich den besonders gern mag
- Spannende Dinge anschauen, z. B. alte Gebäude

Mein nächstes Reiseziel

Worauf ich mich besonders freue

- Ich freue mich besonders darauf, dass dort meist die Sonne scheint. Wir werden sicher ganz viel Zeit am Strand verbringen. Wenn es zu heiß wird, kann man sich dann im Meer abkühlen. Außerdem möchte ich eine richtig tolle Sandburg bauen.
- Im Urlaub ist es immer besonders schön, dass ich den ganzen Tag mit meinen Eltern und meinen Geschwistern verbringen kann. Wir spielen dann auch immer viel miteinander: tagsüber am Strand Volleyball und abends zu Hause Karten- oder Brettspiele.
- Ich esse sehr gern Fisch, darum ist es so schön, wenn wir Urlaub am Meer machen, denn da gibt es immer sehr viel Fisch. Besonders gern esse ich Calamari, also Tintenfisch. Seeteufel mag ich nicht so gern, weil der so unheimlich aussieht.
- Eigentlich bin ich lieber am Strand, als etwas zu besichtigen, aber alte Gebäude und Kirchen finde ich schon ganz spannend. Ich frage mich dann immer, wie es dort wohl früher ausgesehen hat ...

Wie sollte eine gelungene Präsentation aussehen? Kreuze an.

- ☐ Jede Folie sollte anders aussehen, damit die Präsentation abwechslungsreich ist.
- ☐ Man sollte alle Folien unterschiedlich einfärben, damit die Präsentation schön bunt ist.
- ☐ Mit ausgewählten Bildern kann man eine Präsentation anschaulicher und interessanter gestalten.
- ☐ Die Folienfarben sollten zurückhaltend sein und zum Inhalt passen.
- ☐ Wenn man viele Informationen geben will, kann die Schrift ruhig ganz klein sein.
- ☐ Man sollte den Inhalt in Stichworten zusammenfassen, die den mündlichen Vortrag unterstützen.
- ☐ Die Folien einer Präsentation sollten einheitlich gestaltet sein.
- ☐ Eine Präsentation sollte ausschließlich Text enthalten, Bilder lenken nur ab.
- ☐ Man sollte schöne Sätze schreiben, damit man Freude beim Lesen hat.
- ☐ Eine Präsentation sollte aus möglichst wenig Folien bestehen, darum muss man möglichst viel auf jeder Folie unterbringen.
- ☐ Die Folien einer Präsentation sollten möglichst sparsam befüllt sein, damit das Publikum den Inhalt anschauen bzw. lesen und erfassen kann.
- ☐ Die Schrift sollte möglichst groß sein, damit alle den Text gut lesen können.

Wenn du dich für die Eigenschaften einer gelungenen Präsentation entschieden hast, schau dir noch einmal die beiden Folien oben an. Welche gefällt dir besser?

Mit einem Präsentationsprogramm kann man seine Texte und Bilder auch animieren, d. h., man kann einstellen, dass sie sich bewegen, ins Bild hüpfen langsam verblassen usw.
Auch den Übergang von einer Folie zur nächsten kann man gestalten.
Schau dir in einem Präsentationsprogramm die Übergangseffekte an.

Welche Übergänge findest du in den Abbildungen unten wieder? Schreibe jeweils die Bezeichnung dazu.

 ____________________

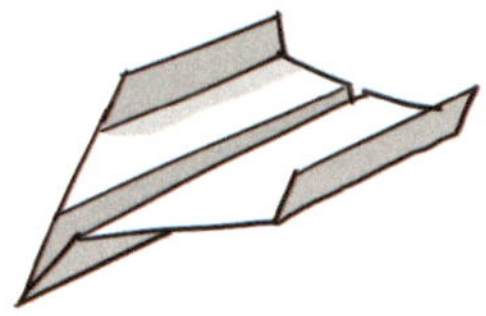 ____________________

 ____________________

 ____________________

 ____________________

 ____________________

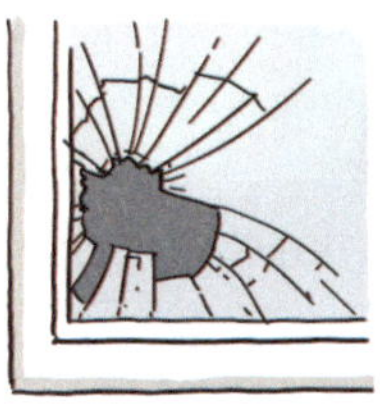 ____________________

 ____________________

Probiere die Übergänge in einer Präsentation aus. Welcher Übergang gefällt dir am besten?

Hast du die Seite fertig bearbeitet? Dann darfst du dir hinten einen Stern auf die Nummer 110 kleben.

Unter deinen persönlichen „Daten“ versteht man Informationen über dich wie dein Alter, deinen Wohnort, deinen Geburtstag, deine Hobbys und vieles mehr. Ob man seine Daten im Internet veröffentlicht, sollte man sich gut überlegen. Wenn du herausfindest, welche der Erklärungen jeweils richtig ist, verstehst du, warum das so ist.

Kreuze an.

1 Das Internet kann jeder nutzen.

- ☐ a Wenn man Daten oder Bilder ins Internet lädt, dann sind sie nicht mehr privat. Jeder hat die Möglichkeit, sie anzusehen. Ein peinliches Foto können also nicht nur Freundinnen und Freunde, sondern auch die Lehrerin oder der Lehrer sehen.
- ☐ b Bilder bleiben im Internet bei den Leuten, denen man diese Bilder geschickt hat, oder in dem sozialen Netzwerk, in dem man sie eingestellt hat. Warum sollten Freundinnen und Freunde die Bilder weitergeben?

2 Im Internet machen sich deine Daten selbstständig.

- ☐ a Im Internet sind so viele Daten, da fallen ein paar Daten mehr oder weniger kaum auf.
- ☐ b Daten verbreiten sich im Internet sehr schnell. Man weiß dann nicht, wer sie kopiert und weitergibt. Suchmaschinen sorgen dafür, dass Informationen über eine Person leicht zu finden sind.

3 Das Internet vergisst nichts.

- ☐ a Wenn einmal Fotos oder Informationen von dir im Internet sind, dann kann man sie kaum noch löschen. Besonders bei Suchmaschinen werden sie lange gespeichert.
- ☐ b Wenn dir ein Bild irgendwann peinlich werden sollte, dann löschst du es einfach aus dem Internet.

4 Deine Daten können im Internet wie ein Puzzle zusammengesetzt werden.

- ☐ a Manche Suchmaschinen haben sich auf das Sammeln von Personendaten spezialisiert. Sie sammeln im Internet alle Informationen, die es über dich gibt. So kann sich auch jemand, der dich nicht kennt, ein genaues Bild von dir machen.
- ☐ b Wer sollte denn Interesse daran haben, dich im Internet zu suchen?

5 Daten können gestohlen und verkauft werden.

- ☐ a Jemand kann deine Daten stehlen und sich im Internet für dich ausgeben. Diese Person könnte dann z. B. im Internet mit deinen Daten einkaufen und du erhältst eine Rechnung für etwas, was du nie bestellt hast.
- ☐ b Deine Daten hast du mit einem super Passwort geschützt. Da kommt keiner ran.

Hast du die Seite fertig bearbeitet? Dann darfst du dir hinten einen Stern auf die Nummer 149 kleben.

Endlich Schulschluss! Wie fast jeden Nachmittag nach der Schule meldet sich Clara zu Hause erst einmal in einem sozialen Netzwerk an. Heute hat sie eine neue Freundschaftseinladung erhalten. Sie ist von Claras bester Freundin Sina. Sinas Profil enthält ihr Foto, ihre Adresse und ihre Hobbys. Gleich nachdem Clara die Einladung angenommen hat, spricht sie Sina im Chatfenster an:

Clara

Sina

Clara: Toll, dass du auch dabei bist. Wie kommt das?

Sina: Ich konnte meine Eltern endlich überreden.

Clara: Treffen wir uns morgen nach der Schule?

Sina: Klar! Wann und wo?

Clara: Auf dem Marktplatz am Brunnen.

Sina: OK.

Am nächsten Tag in der großen Pause stehen Clara und Sina kichernd auf dem Schulhof. Clara sagt: „Das ist ja toll, Sina, dass du nun auch endlich dabei bist.“ Sina guckt etwas verwundert. „Was meinst du?“, fragt sie. „Na, im sozialen Netzwerk. Übrigens: Cooles Profilfoto“, antwortet Clara. Sinas Augen werden immer größer: „Aber ich bin dort doch gar nicht angemeldet – du weißt doch, meine Eltern möchten das nicht.“ Clara lacht: „Aber natürlich bist du angemeldet. Du hast mir doch gestern eine Freundschaftsanfrage geschickt und wir haben sogar miteinander gechattet.“ Aber Sina bleibt dabei: „Ich weiß nicht, wovon du redest. Ich bin wirklich nicht angemeldet und habe gestern auch garantiert nicht mit dir gechattet. Echt nicht.“ Die zwei verstummen und schauen sich mit großen Augen an. Es scheint, als würden sie dasselbe denken:
Wenn Sina das Profil nicht selbst erstellt hat, wer steckt dann dahinter?
Und woher weiß die Person so viel über Sina?

Schreibe die Geschichte weiter.
Fehlen dir Ideen für eine spannende Fortsetzung?

Vielleicht helfen dir folgende Vorschläge:

- Was werden Clara und Sina jetzt unternehmen?
- Was ist mit dem vereinbarten Treffen am Nachmittag?
- Es könnten weitere Personen auftauchen: Claras Mutter, die Klassenlehrerin, die Polizei, der große Bruder von Sina, …

Deine Daten können auch in falsche Hände geraten, ohne dass du sie im Internet hochgeladen hast. Jemand kann sich zum Beispiel über das Internet heimlich Zugang zu deinem Rechner verschaffen und deine Daten stehlen. Zum Thema Datenklau und Computersicherheit gibt es einige Begriffe, die du kennen solltest.

Ordne zu. Was ist ...

ein Trojaner?

Ähnlich wie ein Trojaner kommt das Programm unbemerkt auf deinen Rechner. Es hat das Ziel, deine Programme oder Daten zu zerstören.

ein Computervirus?

„To spy“ ist Englisch und bedeutet spionieren. Solche Programme merken sich zum Beispiel, welche Internetseiten du besuchst und geben diese Informationen weiter.

Spyware?

Das ist ein Programm, das heimlich auf deinem Rechner läuft, und mitliest, was du tust. Es kann sogar deine Webcam steuern.

Phishing?

Das ist eine Person, die gezielt Sicherheitslücken in deinem Computer sucht und versucht, über das Internet in deinen Rechner einzudringen. Auch ein Hacker ist auf deine Daten aus.

ein Hacker?

Das ist ein zusammengesetztes Wort aus „Passwort“ und „fishing“ (Englisch für angeln). Man wird in einer E-Mail oder auf einer Internetseite aufgefordert, sein Passwort, z. B. für einen Shop im Internet, einzugeben. Fremde können dann auf deine Kosten einkaufen.

Gegen all diese Gefahren kannst du dich schützen, indem du auf all deinen Geräten, auch auf deinem Smartphone, eine Schutzsoftware installierst. Im Internet gibt es viele gute Programme, die auch nichts kosten.

 Hast du die Seite fertig bearbeitet? Dann darfst du dir hinten einen Stern auf die Nummer 168 und 191 kleben.

Auch im Internet begegnet dir Werbung. Oft ist sie dort gefährlicher als Werbung im Fernsehen. Denn es kann z. B. passieren, dass man mit dem Anklicken einer Werbeanzeige gleich schon etwas gekauft hat. Manchmal landet man auf einer anderen Internetseite, auf die man gar nicht wollte oder man lädt sich mit der Werbung sogar Viren, Trojaner oder Spyware auf den Rechner. Du solltest Werbung also immer schließen oder löschen, wenn sie dir begegnet.

Ordne die Begriffe passend zu. Spam Banner Layer Pre-Roll Pop-Up

1. Dieser Begriff ist ein altmodisches Wort für Fahne. Und wie eine Fahne erscheint diese Art der Werbung auch am oberen Rand des Bildschirms oder an der Seite.

2. Bei dieser Art von Werbung handelt es sich um eine der beiden Werbearten, bei denen sich von selbst ein Fenster vor der Seite öffnet, die man eigentlich anschaut. Diese Fenster sind oft etwas kleiner und überdecken nur einen Teil der Seite. Die deutsche Bedeutung des Begriffs ist auftauchen.

			-		

3. Solche Werbefilme laufen auf Videoportalen. Sie werden vor dem Film oder Clip, den man eigentlich ansehen möchte, abgespielt. Darum ist der gesuchte Begriff auch die englische Übersetzung für Vor-Film.

			-				

4. Diese Fenster sind die andere Art von Werbung, die sich von selbst und ungefragt öffnet. Allerdings ist sie oft noch viel größer und überdeckt eine Seite teilweise oder sogar vollständig. So bildet sie eine neue Lage oder Schicht über der Seite, mit der man sich gerade beschäftigt.

5. Diese Werbung bekommst du in dein E-Mail-Postfach. Darauf solltest du auf keinen Fall antworten. Auch in der Mail enthaltene Links darfst du nicht anklicken.

Wähle aus den Lösungswörtern die folgenden Buchstaben, um das Lösungswort zu finden.

Nummer 5 Buchstabe 1	Nummer 2 Buchstabe 4	Nummer 3 Buchstabe 1	Nummer 4 Buchstabe 4	Nummer 1 Buchstabe 6

Hast du die Seite fertig bearbeitet? Dann darfst du dir hinten einen Stern auf die Nummer 142 kleben.

Im Internet einkaufen ist total praktisch. Man kann sich bequem von zu Hause aus etwas aussuchen und nach Hause liefern lassen. Mittlerweile kann man fast alles im Internet kaufen: Bücher, Filme, Möbel, Fernseher und noch vieles mehr. Sogar Lebensmittel kann man online bestellen.
Aber es gibt auch Einiges zu beachten.

Clara und Hanno haben jeweils unterschiedliche Einstellungen zum Einkaufen im Internet. Wer hat recht? Kreuze an. Manchmal haben beide recht.

„Im Internet kann ich heimlich abends bestellen. Das bekommen die Eltern dann gar nicht mit."

„Du solltest auf jeden Fall vorher fragen, bevor du etwas bestellst. Spätestens bei der Lieferung kommt es sowieso heraus."

„Online kann man gut Preise vergleichen und so oft günstig einkaufen."

„Im Internet ist es nicht immer günstig. Außerdem kommen oft noch hohe Versandkosten dazu."

„Wenn Oma krank ist, dann bestellt sie auch manchmal Medikamente online. Dann muss sie nicht aus dem Haus."

„Viele Menschen wohnen weit entfernt von der nächsten Stadt. Für die ist es natürlich praktisch im Internet einzukaufen. Dann brauchen sie nicht extra in die Stadt fahren. Das spart Zeit und Geld."

„Sich Filme im Internet anzusehen ist toll. Das kostet oft gar nichts."

„Im Internet kostenlos Filme anzusehen kann gefährlich sein. Denn meist ist das nicht erlaubt und dann muss man vielleicht sogar eine Strafe zahlen."

„Ich kaufe mir wirklich alles im Internet, weil das so praktisch ist."

„Bei uns um die Ecke musste ein kleiner Buchladen schließen.
Die Leute kaufen lieber im Internet. Vielleicht sollte man sich überlegen, ob man sich wirklich alles online kauft."

„Wenn mir etwas nicht gefällt, dann schicke ich es einfach zurück."

„Zurückschicken ist manchmal gar nicht so einfach. Besonders kompliziert wird es, wenn man etwas im Ausland bestellt hat. Außerdem muss der Paketbote für jede Lieferung zu deinem Haus fahren. Das belastet die Umwelt."

Hast du die Seite fertig bearbeitet? Dann darfst du dir hinten einen Stern auf die Nummer 138 kleben.

Sicher hast du schon einmal erlebt, wie jemand in der Schule geärgert wird. Ärgern kann man jemanden, indem man ihn beispielsweise schubst oder schlägt. Aber auch Beleidigungen können ärgern und verletzen. Jemanden zu beleidigen oder schlechtzumachen nennt man Mobbing. Das Wort kommt aus dem Englischen und bedeutet „über jemanden herfallen“. Von Mobbing spricht man aber erst dann, wenn jemand dauerhaft oder über einen längeren Zeitraum gemobbt wird. Passiert das im Internet, spricht man von Cybermobbing.

Was ist Mobbing? Kreuze an.

- ☐ • jemanden vor anderen lächerlich machen
- ☐ • böse Gerüchte in Umlauf bringen
- ☐ • jemandem auflauern und verprügeln
- ☐ • jemanden erpressen
- ☐ • sich einmal streiten
- ☐ • sein Pausenfrühstück mit jemandem teilen
- ☐ • abschätzige Blicke oder Gesten
- ☐ • Geheimnisse öffentlich machen
- ☐ • abwertende Spitznamen verwenden
- ☐ • peinliche Fotoaufnahmen machen
- ☐ • peinliche Fotoaufnahmen verbreiten
- ☐ • jemandem aufhelfen
- ☐ • die Augen verdrehen, wenn jemand in den Raum kommt
- ☐ • die Familie beleidigen
- ☐ • jemandem nicht zuhören
- ☐ • falsche Anschuldigungen verbreiten
- ☐ • sich lustig machen über Figur, Frisur, Nase, ...
- ☐ • Schulsachen entwenden oder zerstören
- ☐ • jemanden immer wie Luft behandeln
- ☐ • jemandem die Hausaufgaben vorbeibringen, wenn er krank ist
- ☐ • jemanden anschreien
- ☐ • jemanden absichtlich falsch beschuldigen
- ☐ • jemanden ausgrenzen
- ☐ • persönliche Notizen von jemand anderem verbreiten

Wofür steht die Abkürzung „www“?

- [ ] weltweite Wunder
- [ ] World Wide Web
- [ ] weiterhin windiges Wetter

Wie haben sich die Indianer miteinander verständigt?

- [ ] mit Rauchzeichen
- [ ] mit Steintafeln
- [ ] mit Morsezeichen

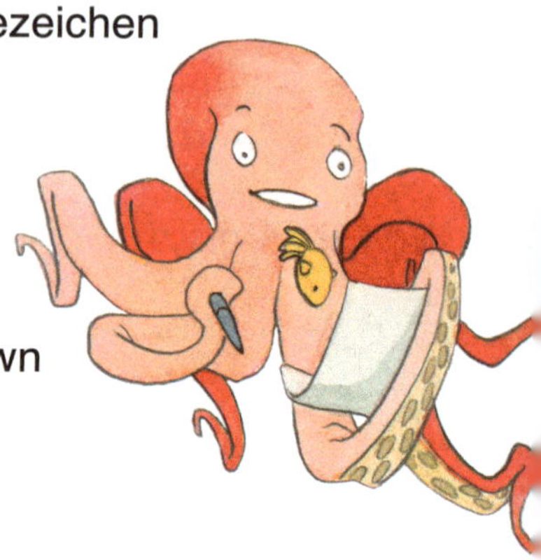

Welches ist kein elektronisches Medium?

- [ ] E-Reader
- [ ] Laptop
- [ ] Zeitung

Wie heißt ein Bildschirm, der auf Fingerdruck reagiert?

- [ ] Touchpen
- [ ] Touchscreen
- [ ] Touchdown

Wann wurde die erste E-Mail verschickt?

- [ ] 1971
- [ ] 1998
- [ ] 2005

Woran erkennst du eine E-Mail-Adresse?

- [ ] @ Zeichen
- [ ] © Zeichen
- [ ] ® Zeichen

Wenn du mit deinem Smartphone ein Foto von dir selbst machst, dann heißt es ...

- [ ] Selfie
- [ ] Selbstie
- [ ] Selfchen

Wenn man im Internet unterwegs ist, dann bezeichnet man das als ...

- [ ] skaten
- [ ] surfen
- [ ] joggen

Womit kann man zwei Internetseiten miteinander verbinden?

- [ ] mit einem Link
- [ ] mit einer Brücke
- [ ] mit einem Kabel

Wie lange solltest du am Tag höchstens vor dem Computer sitzen?

- [ ] 10 Minuten pro Lebensjahr
- [ ] 30 Minuten pro Lebensjahr
- [ ] 1 Stunde pro Lebensjahr

Mit welchem Programm kannst du eine Präsentation für dein Referat erstellen?

- [ ] mit Word
- [ ] mit PowerPoint
- [ ] mit Photoshop

Was ist eine App?

- [ ] ein Programm für Spielekonsolen
- [ ] ein Programm für Fernseher
- [ ] ein Programm für Smartphones und Tablets

Was bedeutet das Wort „Chat“?

- [ ] lästern
- [ ] fragen
- [ ] plaudern

Hast du die Seite fertig bearbeitet? Dann darfst du dir hinten einen Stern auf die Nummer 112 kleben.